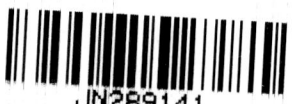

かえる食堂のお弁当

松本朱希子

筑摩書房

はじめに

幼い頃の私は、毎週土曜のお昼に、隣の家の幼なじみと互いの家のベランダにビニールシートを広げ、お弁当を食べることを楽しみにしていた小学生でした。もっと小さいときには、自分だけお弁当箱にわざわざお昼ごはんを詰めてもらったりしていたくらい、お弁当というものが好きだったようです。

今でもお弁当は、作るのも、作ってもらうのも大好きです。

お弁当作りはふだんのごはん作りとはまた違った楽しみや発見があります。とくに遠足やお花見など決まった目的があるときは、それに向けておかずや量、食べる場所なども考えますし、小さな箱に収めるということ、時間がたってもおいしいもの、などある程度制限があるので、くふうもするようになってきます。そのおかげで、ふだんは思いつかなかったことをひらめいたり、また、おいしく仕上がったおかずが、わが家の定番おかずになったこともありました。お弁当には、そんなふうにそれぞれの家の味が自然とにじみ出ているように思います。卵焼きひとつとっても、すごく甘くてちょっと焦げていたり、薄味でふんわり大きなものだったり、いつも何かが挟まっていたり……。だから、お弁当を口にすると、ふっとなつかしい思い出がよみがえってきたりするのかもしれません。
　考えてみれば、食堂を始めるきっかけも「お弁当」でした。京都で暮らしていた頃、友人やお世話になっている先輩に差し入れたお弁当から、みんなにごはんを作る係「かえる食堂」が始まりました。

　お弁当は、小さな箱にさまざまな思いを込めて作るからこそ、食べてくれる人に、思い出とともにおいしさが残っていくのだと思っています。そんな思いとおいしさを伝えられればと、いつも自分がしていること、幼い頃、母がしてくれたこと、季節ごとに家族でしていたことをたどり、1冊のお弁当の本となりました。このなかから、何か1品でもお弁当作りに役立てていただければ、うれしいです。

2009年 晩秋　　松本朱希子

もくじ

お弁当作りの前に

・1カップ＝200ml、大さじ1＝15ml、小さじ1＝5ml。米は1合＝180mlを表します。
・酒は米だけでできたもので手頃な価格のものを、砂糖は三温糖、みりんは本みりん、塩は自然塩を使用しています。みそやしょうゆは昔ながらの作り方のもので、そのものだけを味見しておいしいと思えるものを使用しています。
・油は太白ごま油、オリーブ油はエキストラバージンオリーブ油を使用しています。
・おむすびは、手に白梅酢をつけ、塩少々をなじませてからにぎります。そうすることで持ちをよくする効果も。
・昆布酢＝保存ビンに酢1カップと3cm角×1枚の昆布を入れ、冷蔵庫で1日おく。普通の酢と同じように使いますが、昆布酢のほうが風味、コク、うまみが増します。
・かつお節の分量をカップ、大さじ、小さじで表しているときは、あらかじめ手で細かくほぐしたものを使用しています。
・オーブンは機種によって焼き時間や温度が微妙に異なります。レシピに表示されている時間や温度を目安に、加減しながら調理してください。
・煮込んだりするときの鍋は、特に表記していない限り、厚手のものを使用しています。
・レシピ中に出てくる水に関しては、特に（分量外）と表示していません。

誰かのために

季節のお弁当

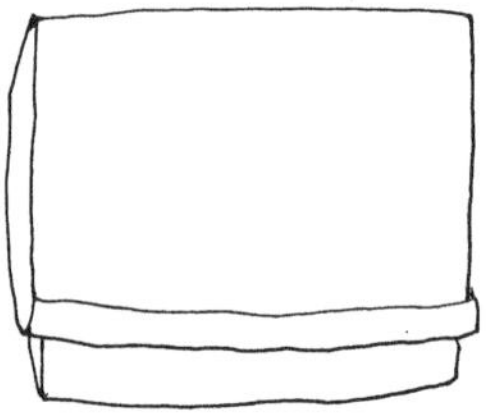

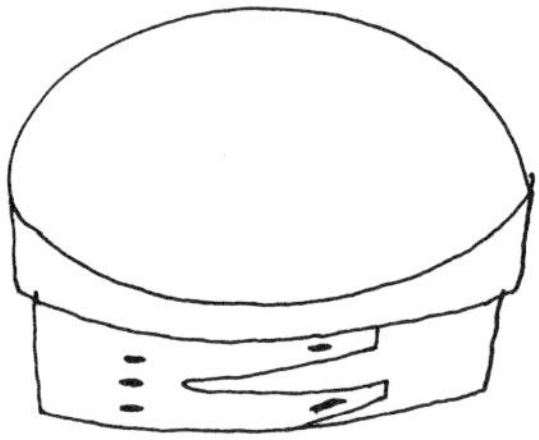

日々のお弁当

たとえ食べ慣れたものでも
小さな容器に収まってしまうと
不思議と特別おいしいものに思えた、
日々のお弁当。
何気なく口にしていたものでも、
ふとした拍子に思い出したり、
急に食べたくなったり。
お弁当は、こんなふうに心に、おなかに、
思い出を残してくれるもののように
思いました。
昔、母がよく作ってくれたおかずを
自分でもよく作るようになったのは
そんな理由から。
繰り返し作るうちに、くふうしてみたり、
お気に入りの味付けができたり……。
日々のお弁当には、
毎日のことだからこそのものが
たくさん詰まっているように思います。

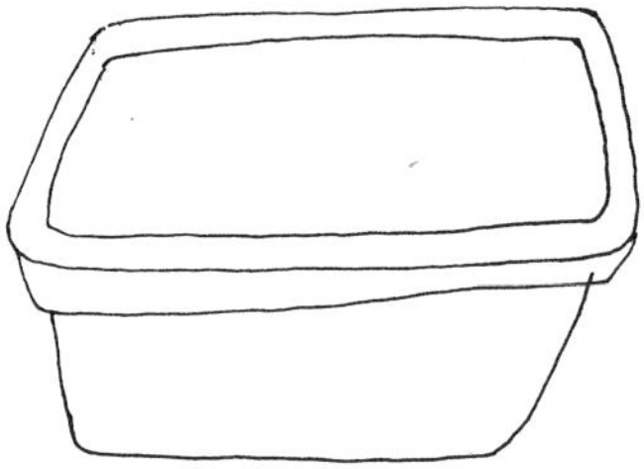

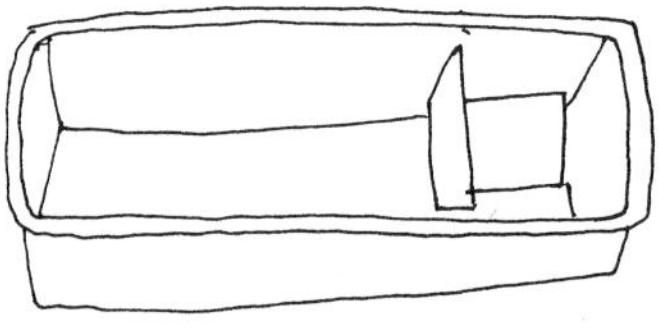

日の丸弁当

ご飯の真ん中に少し大きめな真っ赤な梅干しをひとつ。キュッと押し込んだらでき上がり。
シンプルなおかずと組み合わせて作る、一番スタンダードなかえる食堂のお弁当です。

材料（1人分）

ご飯　適量
梅干し　1粒

卵焼き

卵　1個
A　かつお節　ひとつまみ、
　みりん　小さじ½、塩　少々
油　適量

小松菜のおひたし

小松菜（小）　1株
B　かつお節　小さじ1、
　みりん　小さじ1、
　しょうゆ　小さじ1強
白ごま　小さじ½

ウインナー炒め

ウインナー　2本
油　少々

白玉きなこ　3個分

C　白玉粉　15g、塩　少々
水　大さじ1弱
D　きなこ　大さじ1、
　三温糖　小さじ2、塩　少々

作り方

卵焼き

1. ボウルに卵を溶きほぐし、Aを加えてよく混ぜる。
2. 卵焼き器を火にかけ、薄く油をひく。1の卵液の半量を流し入れ、表面がかたまってきたら菜箸を使って手前から奥へ折りたたむ。残りの卵液でもう1度繰り返し、卵焼きに形作る。粗熱が取れたら食べやすく切る。

小松菜のおひたし

1. 小松菜は根元を少し切り落とし、3cm長さに切る。白ごまはフライパンで軽く煎り、指でひねってひねりごまにする。
2. 小鍋に1cm深さほどの水と小松菜を入れ、塩少々（分量外）をふって強火にかける。1分ほどしたらざるに上げる。粗熱が取れたら水けをしぼる。
3. ボウルに2の小松菜とBを入れて和え、白ごまをふる。

ウインナー炒め

1. ウインナーは中心あたりから数本切り込みを入れる。
2. フライパンを火にかけ、油をひいてウインナーを炒める。ときどき転がしながら、おいしそうな焼き目がつくまで焼く。

白玉きなこ

1. ボウルにCを入れ、少しずつ分量の水を加えながら耳たぶくらいのやわらかさに練る。3等分して丸め、中心を少しくぼませる。
2. 小鍋に湯を沸かし、1の白玉を入れる。白玉が浮いてきたらひと呼吸おいて氷水にとる。
3. 小さな容器にDを入れ、ざるに上げてしっかり水けをきった白玉を1個ずつまぶしつける。

◎お弁当箱にご飯を詰め、真ん中に梅干しを埋め込む。空いたところにバランスよくおかずを詰める。

ご飯の炊き方

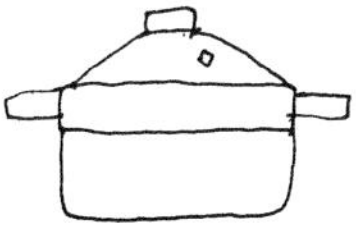

材料

米　3合
水　3合＋½合分
昆布　3cm角×1枚
塩　少々

作り方

1. ざるに米を入れ、浄水をまわしかけざっと洗う（ここで米においしい水を浸透させ、カルキ臭をつけないため）。さらにあまり力を入れず、流水で洗う（真っ白い水が出てこなくなるまで）。最後に再び浄水をまわしかけ、おいしい水で包む。
2. 土鍋に米を入れ、分量分の浄水を加える。ふつうのときは米と同量＋½合分、新米のときは気持ち減らすとよい。昆布を上にのせ、ふたをして30分以上浸水させる。昆布はだしをとった残りでもOK。
3. 火にかける寸前に塩少々を加え（塩以外に梅干し〔梅肉を取った後の〕の種を入れても）、ふたをして強火にかける。そのまま14分。シューッと勢いよく湯気が出てきても、そのまま強火で炊く。火を止めて15分ほどそのまま蒸らし、しゃもじでさっくり混ぜる。

◎この土鍋の炊き方は、かえる食堂の土鍋で炊く場合です。炊く時間や火加減を目安にご自身の鍋で調整してください。

のり弁当

材料（1人分）

のりごはん

ご飯　茶碗1杯分
焼きのり　1枚
白ごま・かつお節　各小さじ1
しょうゆ　小さじ½

ささみチーズ焼き

鶏ささみ肉　1本
青じそ　2枚
クリームチーズ　10g
梅干しをたたいたもの　小さじ½
A　強力粉　小さじ1、塩　少々
油　適量

おくらじゃこ炒め

おくら　3本
ちりめんじゃこ　小さじ1
塩　ひとつまみ
しょうゆ　少々
油　適量

かまぼこ

かまぼこ　1～2切れ
わさび　少々

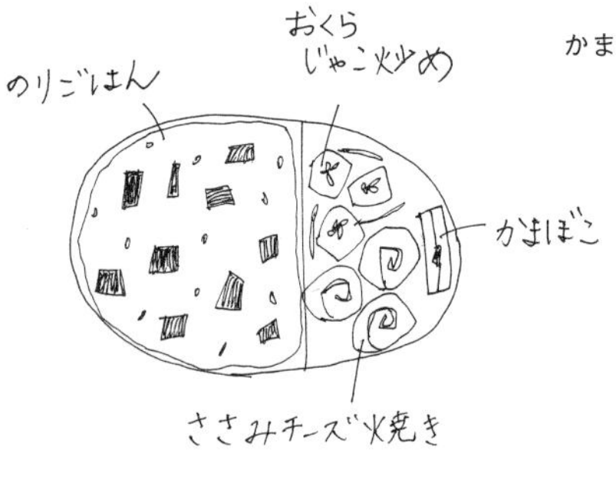

作り方

のりごはん

1. 焼きのりはさっとあぶって細かくちぎる。白ごまは軽く煎る。
2. ボウルに1ののりと白ごま、かつお節、しょうゆを入れ、よく混ぜる。
3. お弁当箱にご飯の半量を詰め、2の半分をまんべんなくのせる。上から残りのご飯を詰め、残りの2をまんべんなくのせる。

ささみチーズ焼き

1. 鶏ささみ肉は半分の厚さになるよう切り込みを入れ、開く。ビンやコップの底で軽くたたいて平らにする。肉の上に青じそをのせ、クリームチーズをぬった上からさらにたたいた梅肉をぬる。手前からくるりと巻く。
2. バットにAを入れ、1にまんべんなくつける。
3. フライパンを中火にかけ、油をひいて2をじっくり焼く（とじ目を下にして）。少しずつ転がしながら全体に焼き目をつける。粗熱が取れたらひと口大に切る。

おくらじゃこ炒め

1. おくらは粗塩（分量外）でこすり、流水で洗う。ヘタを取り、軸のまわりをむいて乱切りにする。
2. フライパンを火にかけ、油をひいてちりめんじゃこと塩を入れ、炒める。チリチリしてきたらおくらを加え、ざっと炒め合わせる。しょうゆをふって火をとめる。

かまぼこ

かまぼこの上の部分に切り込みを入れ、わさびをはさむ。

のりがおいしいなと思えるようになったのは、大人になってからのこと。ちぎって味付けしてからたっぷりのご飯でサンドすると、しょうゆとのりの味わいがしっかりつきます。

シャケ弁当

材料（１人分）

ご飯　茶碗 1.5 杯分

焼き鮭ポン酢

甘塩鮭　１切れ

A　みりん・しょうゆ　各小さじ 1、
　酢　大さじ ½、柑橘果汁　大さじ 1

万能ねぎ　１～２本

マカロニサラダ

マカロニ　10g

いんげん　５本

B　玉ねぎのみじん切り　小さじ 2、
　ツナ（缶詰）　小さじ 2、
　マヨネーズ　小さじ 2、
　梅干をたたいたもの　小さじ ½

塩・こしょう　各少々

味卵　1 個（p.63 参照）

作り方

焼き鮭ポン酢

1. バットに A を合わせ、小口切りにした万能ねぎを加える。

2. 甘塩鮭は網で両面こんがり焼き、1 の漬けだれに裏表を返しながら浸す。

マカロニサラダ

1. 小鍋に湯を沸かし、塩しっかりひとつまみ（分量外）を加えてマカロニといんげんをゆでる。いんげんは２分弱ほどで取り出し、軸を落として 3cm 長さに切る。マカロニは指定時間ゆで、ざるに上げてしっかり水けをきる。B の玉ねぎは塩をふって水けをきる。

2. ボウルに B、マカロニ、いんげんを入れて和え、こしょうをふる。

◎お弁当箱にご飯を詰め、焼き鮭ポン酢と万能ねぎをのせ、A を少々まわしかける。空いたところにマカロニサラダと半分に切った味卵を入れる。

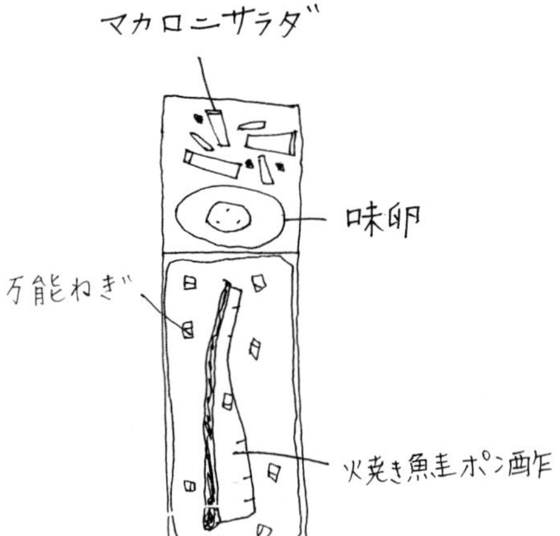

両面こんがり焼いただけのシャケもいいけれど、ポン酢に漬ければ、さっぱりしたおいしさに。
ご飯にもよく合うかえる食堂流シャケ弁は、食欲のないときにもおすすめです。

焼き飯弁当

材料（1人分）

卵焼き飯

ご飯　茶碗1杯分
長ねぎのみじん切り　大さじ3
卵　1個
ごま油　小さじ2
塩・こしょう　各適量

魚の春巻き

白身魚の切り身　50g
万能ねぎの小口切り　2本分
A　オイスターソース　大さじ½、
　しょうがのすりおろし　小さじ½
春巻きの皮　2枚
薄力粉　小さじ½
（同量の水で溶いておく）
揚げ油　適量

ほうれん草のナムル

ほうれん草（小）　1株
B　みりん・酢　各小さじ½、
　塩　ひとつまみ、
　ごま油　小さじ½強

なす炒め

なす　1本
C　にんにくのみじん切り・豆板醤
　各少々
D　酒・テンメンジャン　各大さじ1
ごま油　小さじ1

作り方

卵焼き飯

1. 卵は溶きほぐし、塩ひとつまみとこしょう少々を加え混ぜる。
2. フライパンを火にかけ、ごま油を半量ひいて長ねぎを炒める。しんなりしたら卵を加え、木べらでざっと混ぜながら火を通し、いったん取り出す。
3. 同じフライパンに残りのごま油をひいてご飯を広げ、取り出した2の卵をのせる。パチパチ音がしてきたら木べらで切るように全体を混ぜ、塩ひとつまみとこしょう少々で調味する。

魚の春巻き

1. 魚はひと口大の薄切りにし、Aに絡める。春巻きの皮をひし形に広げ、手前と両端を少しあけて下味をつけた魚の半量と万能ねぎの半量を一列に並べる。手前に残した皮で具をはさむようにし、両端も内側に折り、くるくると巻く。水溶き薄力粉をつけてとじる。これをもう1本作る。
2. 中温の揚げ油で全体がきつね色になるまでからりと揚げる。

ほうれん草のナムル

ほうれん草は根元からさっとゆでて水にとり、しぼる。根元を切り落とし、3cm長さに切ってBで和える。

なす炒め

1. なすはヘタを取り、たて半分に切ってから細切りにする。
2. フライパンを火にかけ、ごま油をひいてなすを炒める。全体に油がまわったらCを加えて炒め、さらにDを加えて、全体に絡める。水分をとばすように炒め、仕上げる。

実家の焼き飯は、卵と刻んだ長ねぎが入っているだけのシンプルなものでした。これが無性に食べたくなるときがあります。そんなときは、中華風おかずといっしょにお弁当にします。

丼物弁当

材料（1人分）

ねぎまぐろ

まぐろの切り落とし　100g
長ねぎ　½本
ご飯　適量
A　しょうがのすりおろし・みりん
　各小さじ1、しょうゆ　大さじ½
B　酒　大さじ2、
　みりん・しょうゆ　各小さじ2
油　適量
一味唐辛子　適量

小松菜としめじのおひたし

小松菜（小）　1株
しめじ　⅓パック
C　酒　小さじ1、水　大さじ2、塩　少々
D　かつお節　大さじ1、
　しょうゆ　小さじ1弱、
　酢　小さじ½

焼き豆腐

絹豆腐　¼丁
片栗粉　適量
塩　しっかりひとつまみ
油　適量
すだち　¼個

作り方

ねぎまぐろ

1. まぐろは小さめに切ってAで和える。ねぎは5mm厚さの斜め切りにする。
2. フライパンを火にかけ、油をひいてねぎを炒める。焼き色がついてしんなりしたらまぐろを加え、ざっと炒め合わせる。Bを加え混ぜ、水分をとばしながら炒める。

小松菜としめじのおひたし

1. 小松菜は根元を落とし、3cm長さに切る。葉はたてにざく切りにする。しめじは石づきを取り、小房に分ける。
2. 小鍋にしめじとCを入れ、ふたをして火にかける。2〜3分してしんなりしたところで小松菜を加え、ざっと混ぜる。再びふたをして1分ほどしたら火からおろし、ざるに上げる。
3. ボウルにD、汁けをしっかりきった小松菜、しめじを入れ、和える。

焼き豆腐

1. 絹豆腐はさらしに包み、水けをしっかりきる。全体に塩をふり、片栗粉をまぶしつけて軽くはたく。
2. フライパンを中火にかけ、油をひいて豆腐を焼く。一面ずつこんがり焼き目がつくまで焼き、器にとって冷ます。

◎お弁当箱にご飯を詰め、ねぎまぐろをのせて一味唐辛子をふる。小松菜としめじのおひたしは汁けを軽くしぼって入れる。焼き豆腐を入れ、すだちを添える。

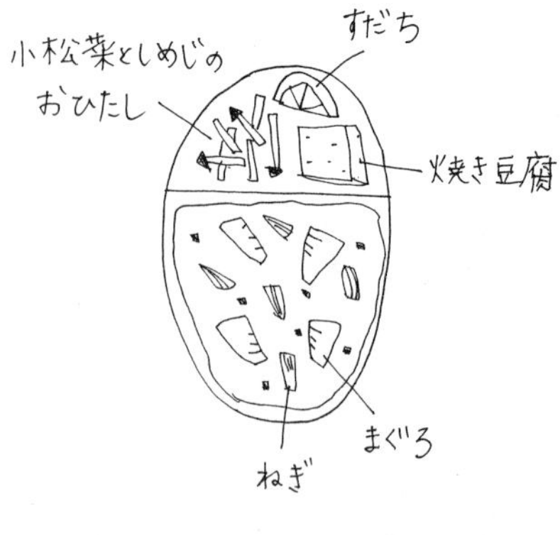

幼い頃、母がよく作ってくれた丼物は、鶏肉を甘辛く味付けしたものでした。
甘辛いたれがしみ込んだご飯は、もうひとつのおかずのようでした。

晴れた日のお弁当

晴れた休日は、お弁当を持って家族で出かけたものです。簡単なものでも外で食べるとなぜだかいつもよりおいしいから不思議。あれこれ具が選べるサンドイッチは私のお気に入りのメニューです。

材料（3〜4人分）

好みのパン　適量

網焼きウインナー

ウインナー　6本

卵マヨネーズ

ゆで卵（p.36参照）　3個
マヨネーズ　大さじ1
塩　少々

ハムチーズ

ハム　40g
クリームチーズ　100g
レモン汁　小さじ½
塩・こしょう　各少々

フルーツチーズ

白桃（缶詰）　100g
クリームチーズ　50g
はちみつ　小さじ2

じゃがいもアンチョビ炒め

じゃがいも　1個
にんにくの薄切り　2〜3枚
アンチョビ　2切れ
オリーブ油　小さじ1
塩・こしょう　各適量

作り方

網焼きウインナー

ウインナーは焼き網で、ときどき転がしながら香ばしく焼く。

卵マヨネーズ

ボウルに殻をむいたゆで卵を入れ、フォークでつぶしながらマヨネーズと塩を加え混ぜる。

ハムチーズ

フードプロセッサーにハムを入れ、攪拌する。細かくなったらクリームチーズを加えてさらになめらかにする。仕上げにレモン汁をしぼり、塩、こしょうをふってざっと攪拌する。容器に移して冷蔵庫で冷やす。

フルーツチーズ

1. 白桃はさらしを敷いたバットの上に並べ、水けを取って大きめのざく切りにする。
2. フードプロセッサーに白桃の半量を入れ、攪拌する。細かくなったらクリームチーズを加え、さらになめらかにする。
3. ボウルに2を取り出し、残りの白桃とはちみつを加え混ぜる。容器に移して冷蔵庫で冷やす。

じゃがいもアンチョビ炒め

1. じゃがいもは芽を取り、皮ごと細切りにする。にんにくは細切りにする。
2. フライパンを火にかけ、オリーブ油をひいてにんにくとアンチョビを炒める。いい香りがしてきたらじゃがいもを加え炒める。焼き色がついてきたら塩、こしょうで味加減する。

※洋がらしをつけて食べてもおいしい。

材料

サラダ

スライス玉ねぎ・セロリ・クレソン・グリーンカールなど好みの野菜　各適量

A　にんにく　1片、
オリーブ油　大さじ1、
レモン汁　小さじ1、
塩　小さじ½、
こしょう　適量

作り方

サラダ

1. 野菜は洗ってしっかり水けをきり、食べやすくちぎる。
2. Aのにんにくは包丁の腹でつぶし、芯を取る。小ビンにAを入れ、ふたをしてふり、よく混ぜる。
3. ボウルに1の野菜を入れ、2を少しずつ加え混ぜる。

◎ 卵マヨネーズ、ハムチーズ、フルーツチーズはそれぞれ小さめの密閉容器に詰める。じゃがいもアンチョビ炒めと網焼きウインナーは大きめの密閉容器に入れる。サラダも適当な容器に入れる。パンを食べやすい厚さに切り、クッキングシートなどで包む。それぞれをかごに入れ、食べるときにパンに好きなものをはさんで食べる。

雨の日のお弁当

材料（１人分）

豆ごはん

米　２合
グリーンピース　20 さや
昆布　3cm 角×１枚
塩　適量

もやしとマッシュルームのナムル

もやし　¼ 袋
マッシュルーム　２個
A　酢・みりん　各小さじ１、
　塩　しっかりひとつまみ、
　ごま油　小さじ１
塩　ひとつまみ

じゃがいも卵　全量（p.62 参照）

干物の西京焼き　½枚分（p.42 参照）

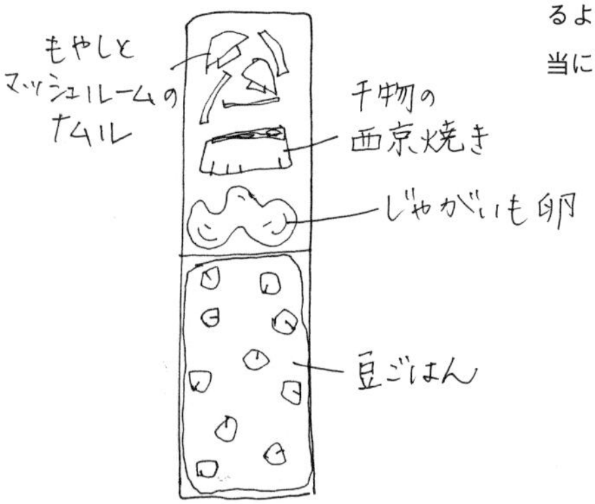

作り方

豆ごはん

1. 米はとぎ、ざるに上げる。土鍋または炊飯器に米といつもの水加減の分量の水を入れ、30 分ほど浸水させる。グリーンピースはさやから豆を取り出し、ざっと洗う。
2. 土鍋または炊飯器にグリーンピース、昆布、塩小さじ ¼ を加え、いつも通りに炊く。炊き上がったら 15 分ほど蒸らし、塩小さじ ½ を加えてしゃもじでさっくり混ぜる。

※ 豆そのものの味や色を楽しむために～グリーンピース 15 さや分は普通にご飯とともに炊き込み、残りの５さやは別に火を通し、後から加える。後入れのグリーンピースは次のように。さやのままのグリーンピースを中火で５分ほど塩ゆでにする。火を止め、ゆで汁ごと氷水で粗熱を取り、さやから豆を取り出す。15 分ほど蒸らした豆ごはんに５さや分のグリーンピースを加えてしゃもじでさっくり混ぜると、豆の色も味わいもグッと引き立つ。

もやしとマッシュルームのナムル

1. マッシュルームは石づきを落として汚れをふき取り、薄切りにする。A は合わせておく。
2. 小鍋にもやしとマッシュルームを重ね入れ、水 50ml と塩を加えてふたをし、強火にかける。２分ほどしたら火を止め、ざるに上げる。水けをきって A で和える。

◎ 雲のかたちにしたじゃがいも卵の下に水玉の豆ごはんがくるようにして詰めるとより雨の日の気分にしっくりくるお弁当に。

晴れた日は外で、と思うけれど、反対に雨の日は家で何を楽しもうか？ とあれこれ考えます。
家の中がいつもと少し違って見えるのは、小さな箱に詰まった水玉のごはんがあるから。

雪の日のお弁当

材料（1人分）

じゃがいもと長ねぎのドリア

じゃがいも（中）　1個（約150g）
長ねぎ　¼本
A　ほたて缶（小、汁ごと使用）　½缶、
　牛乳　150ml、ローリエ　1枚、
　塩　ふたつまみ
薄力粉　大さじ½
にんにく　少々
バター　5g
油　少々
ご飯　茶碗1杯分
パルミジャーノ・レジャーノの
すりおろし　大さじ2

作り方

1. じゃがいもは皮をむいて薄切りにする。長ねぎは小口切りにする。耐熱容器の底ににんにくの切り口をこすりつけ、バター少々（分量外）をぬる。

2. 小鍋を火にかけ、バターと油をひいて長ねぎを炒める。しんなりしたらじゃがいもを加え、ざっと炒め合わせる。薄力粉を加え混ぜ、Aを加えて強火で5〜6分、ときどき木べらで鍋底から混ぜながら煮込む（沸いてきたら中火にする）。じゃがいもに火が通り、全体がぽってりしたら火からおろし、Aのローリエを取り除く。

3. ご飯を耐熱容器の底全面に詰め、チーズ⅓量をふる。2のソースを上からかけ、残りのチーズをふる。

4. 200℃に温めたオーブンで表面にほんのり焼き目がつくまで15分ほど焼く。

粗熱が取れてからふたをする。

白くてふわりとしたものが天からハラハラと落ちてくるのを、飽きずにずっと眺める雪の日。
こんな日は白いお弁当。お天気に合わせて、お弁当も少しだけ特別にしてみます。

おむすびいろいろ

ご飯に思いを込めて、キュッとにぎったおむすびは、かえる食堂の定番。のりや漬物を混ぜ込んだり、焼きおむすびにしたり。ちょっとの手間で、おいしさと楽しさがぐんとアップします。

青菜むすび

青菜のふりかけ（p.41参照）や、かぶ、大根の葉、小松菜など、冷蔵庫に少しずつ残ってしまった青菜は、塩をまぶして細かく刻み、水けをしぼってご飯に混ぜて、おむすびに。色もきれいだし、何よりおいしいです。

焼き野菜むすび

なすを薄切りにして、内側に味噌と好みで一味を混ぜたものをぬり、おむすびの片面につけて、にぎります。それをごま油をひいたフライパンで片面ずつ香ばしく焼くだけ。れんこんでもおいしくできます。

玄米むすび

栄養いっぱいで、腹持ちもいいので、特におかずが少ないときはこれにします。圧力鍋で炊くと、もっちりして柔らかい炊き上がりに。

惣菜むすび

ひじき煮、きんぴら、おからなど、あらかじめ作りおきしてあった惣菜をご飯に混ぜてにぎると、見た目もおなかも満足感のあるおむすびに。

葉包みむすび

開く楽しみがある葉包みむすび。葉は笹、柿、蓮の葉などを使用します。香りもよく、見た目に特別感が出ると同時に、葉の殺菌効果にも期待できるおむすびです。

のり混ぜむすび

いつもはくるりとご飯を包むように巻いているのりを、もみのりにしてご飯に混ぜてにぎるだけ。しその実漬けや鮭のほぐし身、ごま塩など、好みのものを混ぜ込んでもおいしいです。

お漬物むすび

古漬けと呼ばれる、いわゆる漬かりすぎた漬物も、細かく刻んでご飯に混ぜておむすびにすれば、ごらんの通り！　立派な１品に。

巻きむすび

のりの代わりに薄焼き卵や塩漬け青菜などで巻くおむすび。卵で包むときはトマトライスやバターライスなどにしてもおいしい。

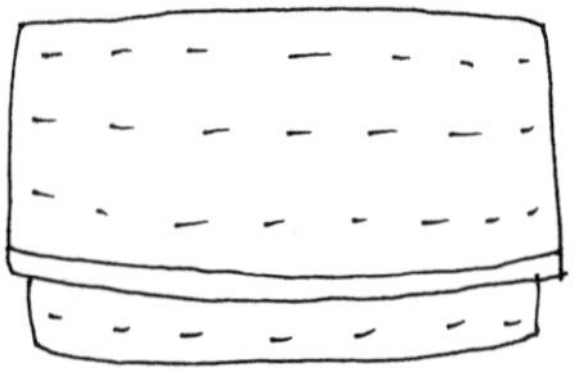

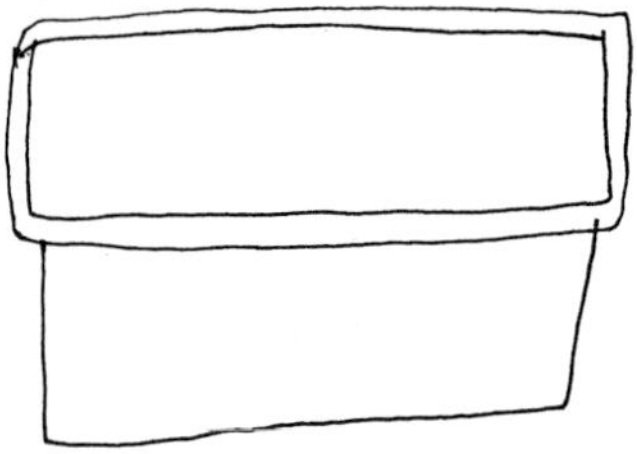

そのときどきで…

忙しい朝、食欲がない日、
おなかいっぱい食べたい日などなど、
そのときどきで、
お弁当を作る状況も、
食べる状況も違ってきます。
そんなときは、
その状況を楽しんで
お弁当を作ります。
状況を考えながら、
小さな箱の中に詰めるものを
あれこれ考えていく作業は、
忙しいさなかにも、
楽しさを与えてくれる
ことのように思います。

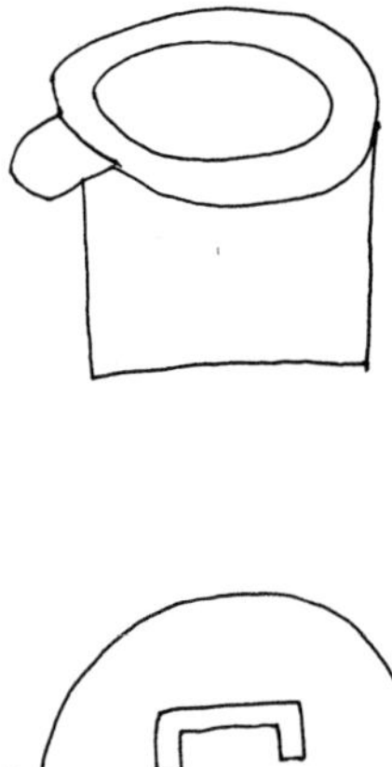

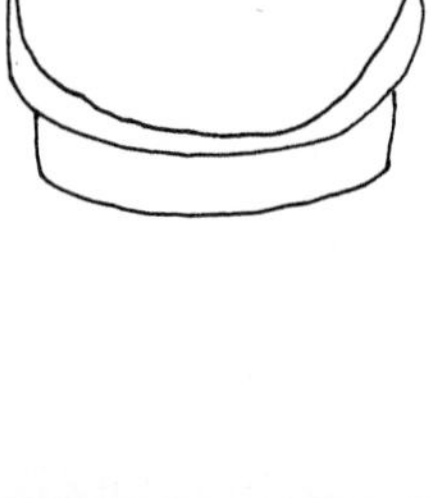

腹持ちのよいお弁当

忙しい日はお昼を食べる時間も不規則だし、とにかく１日中動き回っていた、なんてことが多いもの。
そんな日は、おなかにたまるものをしっかり詰めたお弁当で切り抜けます。

材料（1人分）

金時豆と豚のおこわむすび

豚肉（カレー、シチュー用） 100g
金時豆（乾） ¼カップ
A もち米 0.5合、
　米 1.5合
昆布 3cm角×1枚
塩 小さじ1

焼きかぼちゃ

かぼちゃ 適量
ごま油 適量
塩 少々

白身魚の酒焼き

たら 1切れ
B 酒 小さじ1、
　塩 ひとつまみ
片栗粉 適量
油 適量

作り方

金時豆と豚のおこわむすび

準備：Aは合わせてとぎ、土鍋または炊飯器に入れ、いつもの水加減にしてひと晩おく。金時豆は洗ってたっぷりの水につけ、ひと晩おく。

1. 豚肉は1cm角に切り、塩をふってもむ。

2. ひと晩つけた豆の水けをきり、浸水した米の上にのせる。さらに昆布と1の豚肉をのせ、いつも通りに炊く。15分ほど蒸らしてからさっくり混ぜ、おむすびをにぎる。

焼きかぼちゃ

1. かぼちゃは5mm厚さに切る。

2. フライパンを中弱火にかけ、ごま油をひいてかぼちゃを入れる。塩をふり、片面ずつじっくり焼く。

白身魚の酒焼き

1. たらは半分に切り、Bにまぶして両面合わせて20分ほどおく。水けをふき取り、片栗粉をまぶしつける。

2. フライパンを火にかけ、油をひいて1のたらを焼く。片面に焼き色がついたら返し、もう片面も焼く。

材料

ちんげん菜くず炒め

ちんげん菜　½株
うずらの卵　3個
ハム　20g
にんにくの薄切り　2枚
C　酒 大さじ1、
　オイスターソース 小さじ1
塩・こしょう　各少々
くず粉　小さじ1
（同量の水で溶いておく）
ごま油　適量

作り方

ちんげん菜くず炒め

1. ちんげん菜は食べやすい長さに切る。うずらの卵は熱湯で3分ほどゆで、殻をむく。ハムは細切りにする。
2. フライパンを火にかけ、ごま油をひいてにんにくとハムを炒める。いい香りがしてきたらうずらの卵とちんげん菜を加えてざっと炒め、Cを加え混ぜる。
3. 2に水¼カップを加え、煮立ったら水溶きくず粉を加えて煮詰める。塩、こしょうで味加減する。

◎お弁当箱に葉らんを敷き、おむすびを並べ入れる。空いたところにバランスよくおかずを入れる。おむすびのにぎり方はp.4を参照。

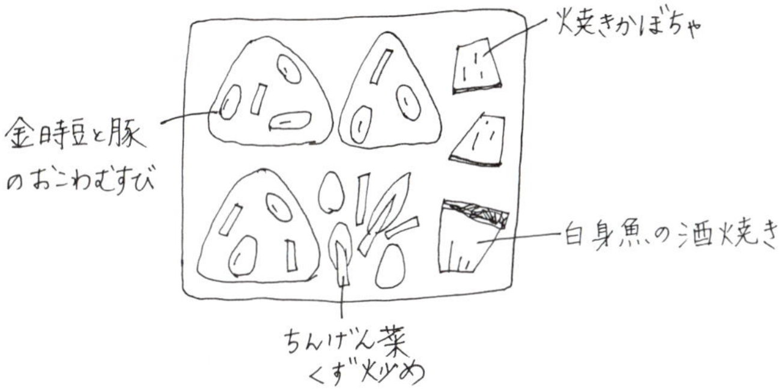

軽めのお昼弁当

材料（2〜3人分）

焼きそばパン

コッペパン　4個
蒸し麺　1玉
豚肉　100g
赤パプリカ　1個
もやし　⅓袋
玉ねぎ　⅙個
にんにくのみじん切り・
しょうがのみじん切り　各½片分
A　オイスターソース　大さじ1⅓、
　ウスターソース　大さじ3⅔
こしょう・バター・青のり・かつお節　各適量
油　小さじ2

ジャムサンド

ビスケットまたはクラッカー・
好みのジャム　各適量

作り方

焼きそばパン

1. 豚肉は細切り、赤パプリカはヘタと種を取り除いて細切り、玉ねぎは薄切りにする。蒸し麺はほぐす。

2. フライパンを火にかけ、油小さじ1をひいてにんにくとしょうがのみじん切りを炒める。いい香りがしてきたら豚肉、赤パプリカ、玉ねぎを加えて炒め合わせる。豚肉の色が変わったらもやしを加えてさっと炒め、いったん取り出す。

3. 同じフライパンに残りの油をひき、蒸し麺を炒める。2を戻し入れ、水50mlを加えて炒め合わせる。Aを加え、水分をとばすように炒め、こしょうをひく。

4. コッペパンはトースターまたは網で軽く焼き、たてに切り込みを入れてバターをぬる。焼きそばをはさみ入れ、青のりとかつお節をふる。

※焼きそばは薄焼き卵で巻いてオムそば弁当にしても。

ジャムサンド

ビスケットに好みのジャムを適量サンドする。

◎焼きそばパンとジャムサンドはクッキングシートで包み、ひもで留める。

学生の頃、売店でよく買った焼きそばパン。ちょっと何か軽く食べたい、と思うとこれを思い出す。
パンにさっと詰めて、ペーパーで包んで持っていく気軽さもまたいいのです。

時間のない朝のお弁当

材料（１人分）

前日のおかずのすき焼き　適量
（下記参照）
ご飯　適量
一味唐辛子　適量
ポーチドエッグ　卵１個分（p.62 参照）

作り方

お弁当箱にご飯を詰めて上からすき焼きを重ね入れ（真ん中をあけて）、真ん中にポーチドエッグをのせて一味唐辛子をふる。

すき焼きの作り方　材料（２人分）

牛肉　300g
ごぼう　１本
長ねぎ　２本
玉ねぎ　½個
干ししいたけ　５～６枚
焼き豆腐　１丁
しらたき　１袋（約200g）
昆布　5cm×１枚
かつお節　１カップ弱
A　酒　½カップ、
　みりん　大さじ３、
　しょうゆ　大さじ６、
　メープルシロップ　大さじ５
卵　２個
油　適量

1. ごぼうはよく洗って太めの笹がきにする。長ねぎは1cm幅の斜め切りに、玉ねぎは1mm幅のくし切りにする。干ししいたけは１カップの水（分量外）につけてもどし、石づきを落として軸は斜め薄切り、かさは1cm幅の細切りにする。焼き豆腐は６等分に切る。しらたきは塩ひとつまみ（分量外）でもみ、沸騰した湯でゆでてざるに上げる。粗熱が取れたら食べやすい長さに切る。
2. 小鍋を火にかけ、油少々をひいてごぼうを炒める。全体に油がまわったら中央に寄せ、梅酢または塩少々（分量外）をふってふたをし、弱火にする。７～８分ほどして甘い香りがしてきたら火を止める。
3. すきやき鍋を火にかけ、油をひいて牛肉を炒める。白っぽくなってきたら端に寄せ、玉ねぎと長ねぎを炒め、同じく端に寄せる。昆布を敷き、２のごぼう、干ししいたけ、焼き豆腐、しらたきをのせ、かつお節を全体に散らしてから干ししいたけのもどし汁全量とAを加え、強火にする。煮立ってきたら中火にし、さらに煮込む。ときどき具を返しながら、ほどよく煮立ってきたところを取り、溶き卵につけて食べる。

前の晩のごはんの残りものは、意外なほどごちそうになります。翌日のほうが味がしみるものは特にそう。ご飯を詰めて上にのせるだけで、お昼が待ち遠しくなるお弁当に。

夜食のお弁当

材料（1 人分）

山賊むすび

ご飯　茶碗 1.5 杯分
のり　1 枚
塩　適量
鮭フレーク（p.38 参照）　小さじ 2
昆布の佃煮（p.41 参照）　小さじ 2
梅おかか（p.40 参照）　小さじ 1

ゆで卵　1 個

小松菜の漬物　適量（p.39 参照）

作り方

山賊むすび

1. のりは軽くあぶってから塩少々をふり、ご飯をのせる。鮭フレーク、昆布の佃煮、梅おかかをそれぞれ角の 3 ヵ所にくるように入れ、軽く塩をふる。
2. のりでご飯を包むようにしてとじ、三角ににぎる（のりを少し深さのある皿に入れて、その上にご飯をのせるようにするとやりやすい）。

ゆで卵

小鍋にたっぷりめに湯を沸かし、直前まで冷蔵庫に入れておいた卵を入れて中火で 8 分（黄身が程よい半熟に仕上がる）。卵を水にさらし、殻をむく。

◎お弁当箱におむすびを入れ、半分に切ったゆで卵と小松菜の漬物を添える。

昔、「山賊」というお店で食べた大きなおむすび。中には３種類の違う具が入っていました。
以来、この大きなおにぎりは、実家の夜食の定番になりました。

かえる食堂の作りおき

基本お弁当作りは日々のこと。かえる食堂では、できるときに身近な素材でいくつか作りおきをしています。急ぎであと1品！というとき、さっと使えてとても便利です。

鮭フレーク

ご飯に混ぜるばかりでなく、卵焼きの具にしても

材料（作りやすい分量）

甘塩鮭　1切れ（約80g）、

A　酒　大さじ1、みりん　小さじ1、
　しょうゆ　少々

油　小さじ1

作り方

鮭は焼き網で両面焼く。皮をむき、骨を取り除いて大まかにほぐす。フライパンを火にかけ、油をひいて鮭を木べらでほぐしながら炒める。全体に油がまわったらAを加えて炒め合わせる。

◎ 密閉容器に入れ、冷蔵庫で1週間保存できます。

牛肉のしぐれ煮

ご飯の上に広げても、小さくまとめても使えます

材料（作りやすい分量）

A　牛こま切れ肉　100g、玉ねぎ　$\frac{1}{3}$個（約60g）、
　しょうが　1片、

B　酒　大さじ2、みりん　大さじ4弱、
　しょうゆ　大さじ2

作り方

牛肉はみじん切り、玉ねぎとしょうがはすりおろして合わせる。小鍋にAを入れ、火にかける。牛肉が白っぽくなったらBを加え、アクをひいて、ときどき箸で混ぜながら汁けがほぼなくなるまで煮詰める。

◎ 密閉容器に入れ、冷蔵庫で2週間保存できます。

小松菜の漬物

残った葉物野菜はこうして漬物に

材料（作りやすい分量）

小松菜（小）　4株、昆布　2cm角×1枚、
塩　適量

作り方

小松菜は根元を落とし、3cm長さに切る。葉はたてにざく切りにする。昆布は調理ばさみで細切りにする。ボウルに小松菜を入れ、塩小さじ1を加えてしっかりもむ。水けをしぼり、昆布と塩ひとつまみを混ぜ、食品用ビニール袋に入れて口を閉じる。冷蔵庫に入れ、重しをして1日おく。

◎冷蔵庫で1週間保存できます。

きゅうりの漬物

パリポリした食感もおいしい。お弁当の片隅に

材料（作りやすい分量）

きゅうり　1本、しょうがのせん切り　2枚分、
鷹の爪　1本、昆布　2cm角×1枚、
塩　小さじ½

作り方

きゅうりは板ずりしてからたて半分に切る。包丁の腹で軽く押してつぶし、3等分に切る。食品用ビニール袋にすべての材料を入れ、口をとじ袋の外からよくもむ。冷蔵庫に入れ、重しをして1日おく。

◎冷蔵庫で1週間保存できます。

梅おかか

風味豊かな味わいの万能選手です

材料（作りやすい分量）

梅干しをたたいたもの・かつお節　各大さじ1½

作り方

梅干しは種を取って包丁でていねいにたたき、フライパンで軽く煎って細かくしたかつお節を加え混ぜる。

◎保存ビンに入れ、冷蔵庫で1ヵ月保存できます（酸が強いのでビンにラップをかけてからふたをするとふたが錆びにくくなります）。

干しきのこ

だしいらずの便利もの。コクが出ます

材料（作りやすい分量）

しいたけ・まいたけ　各1パック

作り方

しいたけとまいたけはそれぞれ石づきを取って薄切りにする。ざるに広げ、天日で1〜2日カラカラになるまで干す（日が落ちたら取り込む）。手で軽くもんで砕く。

◎保存ビンに入れ、冷蔵庫で3ヵ月保存できます。

青菜のふりかけ

いりごま、じゃこを合わせたふりかけにしても

材料（作りやすい分量）

小松菜・大根・かぶの葉など　適量、　塩　適量

作り方

青菜は塩ゆでしてから細かく刻み、水けをしぼる。ざるに広げ、塩をふってカラカラになるまで天日に干す。

◎保存ビンに入れ、冷蔵庫で１ヵ月保存できます。

昆布の佃煮

手作りのものは、ひと味もふた味も違います

材料（作りやすい分量）

昆布　5cm角×５枚、かつお節　大さじ３

A　酢　小さじ２、水　200ml

B　酒・しょうゆ　各大さじ１、みりん　大さじ$1\frac{2}{3}$

作り方

昆布は調理ばさみで細切りにして、小鍋に入れ、Aを加えて30分ほどおく。小鍋を火にかけ、沸いてきたらかつお節を加えて中弱火にする。昆布がやわらかくなったら（約15分）、Bを加えて煮詰める。

◎保存ビンに入れ、冷蔵庫で１ヵ月保存できます。

新しょうがの甘酢漬け

ちょんと入れるだけでお弁当のアクセントに

材料（作りやすい分量）

新しょうが　200g

A　酢　1カップ、三温糖・みりん　各大さじ4、
　塩　大さじ½

作り方

新しょうがは軽く皮をこそげて洗い、薄切りにする。熱湯でざっとゆで、ざるに上げてしっかり水けをきる。小鍋にAを入れ、火にかける。軽く沸いたら火を止め、粗熱が取れるまでそのまま冷ます。保存ビンにしょうがを入れ、甘酢をひたひたに注ぐ。1週間後くらいから食べられる。

◎冷蔵庫で1年保存できます。

干物の西京焼き

そのまま入れても、ほぐし身にしても

材料（作りやすい分量）

かますの干物　1枚

A　白みそ　大さじ3、酒　大さじ½、
　みりん　小さじ2強

作り方

かますは頭と尾を落とし、4等分に切る。小皿にAを合わせ入れ、かますを絡め漬ける。表面にぴったりラップをかけて1日おく。お弁当に入れる前に流水で漬け地を落とし、キッチンペーパーで水けをふき取る。焼き網に薄く油（分量外）をひいて（フライパンでもよい）両面こんがり焼く。

◎冷蔵庫で3～4日保存できます。

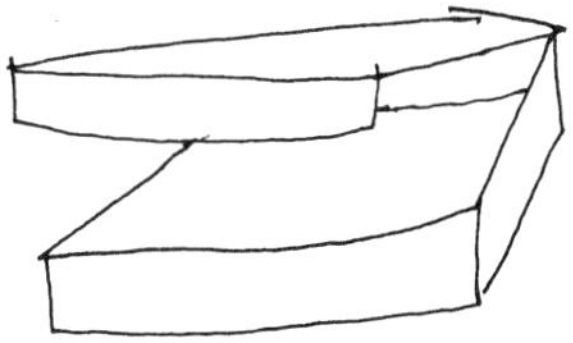

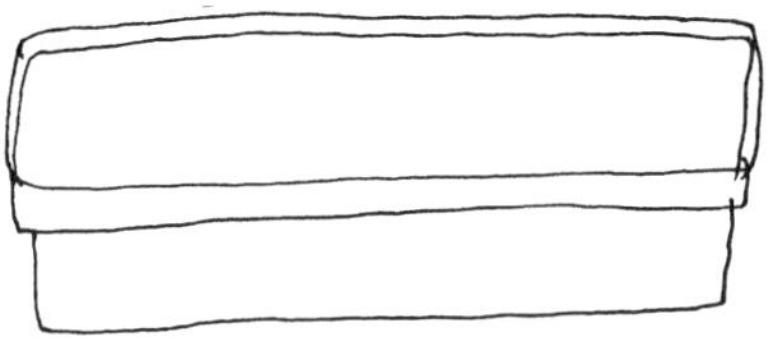

誰かのために

いつもはお弁当を作る側だけれど、
ときどき誰かに作ってもらうと、
とても印象に残ったりします。
だから、誰かのために作るお弁当は、
大切に、大切に作ります。
きっと疲れているから
これを入れてあげたいな、
こんなものが食べたいって言ってたな、
今の季節のあれを入れよう、
その人に思いをめぐらせながら
献立を考えるのは楽しい時間。
でき上がったお弁当を
手渡すのはうれしい時間。

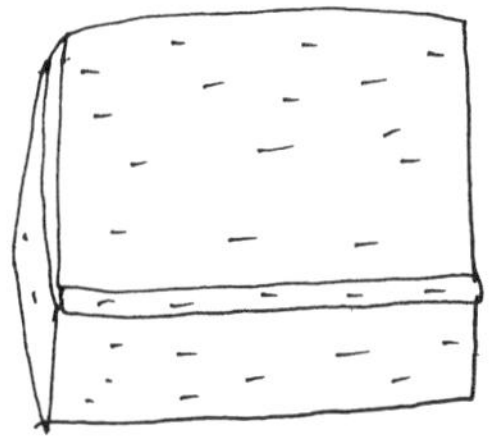

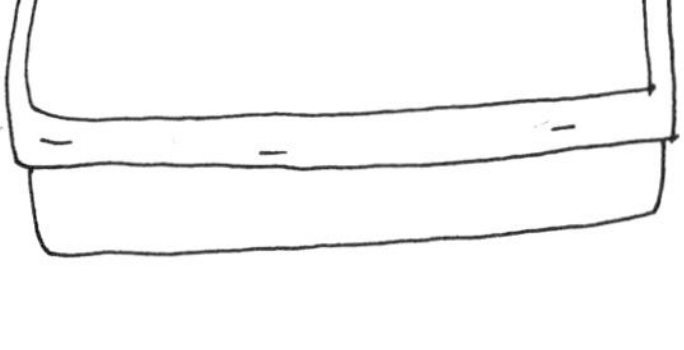

久しぶりに会う祖父母へのお弁当

材料(作りやすい分量)

焼き穴子のばら寿司

穴子　3尾
A　みりん　大さじ2、
　しょうゆ　大さじ1
しょうが　1片(約10g)
きゅうり　½本
青じそ　10枚
みょうが　3個
白ごま　大さじ1
酢　大さじ2
塩　適量
ご飯　茶碗4杯分
黒七味または七味唐辛子　適量

作り方

焼き穴子のばら寿司

1. 穴子は皮を上にして流しに広げ、まんべんなく熱湯をかける。包丁の背でぬめりをこそげ取り、流水で洗ってキッチンペーパーで水けをふき取る。しょうがは皮をこそげ取り、せん切りにして酢に浸す。きゅうりは板ずりしてから薄切りにする。ボウルに入れて塩ひとつまみを加えてよくもみ、さらしに包んで水けをしぼる。青じそはせん切りにしてさっと水にさらしてからざるにとる。みょうがは薄切りにする。白ごまはフライパンで軽く煎り、指でひねってひねりごまにする。

2. 穴子に塩少々をふり、皮目を下にして網で焼く(はじめは反りやすいので菜箸などで軽く押さえながら)。香ばしい焼き目がついたら返し、もう片面も同様に焼く。すぐにAに浸け(ときどき表裏を返しながら)、冷ます。

3. 炊きたてのご飯に酢漬けにしておいたしょうがを酢ごと加え、しゃもじで切るように混ぜる。2の穴子の半量を短冊に切ったもの、きゅうり、青じそ、みょうが、白ごまも加え、混ぜる。

◎木箱にクッキングシートを敷き、葉らんをのせてばら寿司を入れる。残りの穴子を食べやすい大きさに切ってのせ、黒七味をふる。

祖父母の家に遊びに行くと、いつも焼き穴子が入ったばら寿司を作ってくれました。久しぶりに会うときは、ゆっくりおしゃべりできるよう、そんな思い出のものを作って持っていきます。

誕生日のお弁当

箱を開ける楽しみも手伝って、
いつもより特別感が出る
誕生日のお弁当。
おかずも１品ずつ手をかけて、
今日からまたよい１年で
ありますように、
と思いを込めて作ります。

材料（3人分）

ポテトとマッシュルームのキッシュ

11.5×5×高さ2cmの紙型9個分
じゃがいも（中）　2個
A　マッシュルーム　5個、
　玉ねぎのみじん切り　大さじ3
卵　2個
アーモンドプードル　大さじ3
牛乳　2カップ
溶けるチーズ　100g
塩　小さじ½
バター　10g
油　小さじ1

カニクリームコロッケ

カニ肉（缶詰・大）　1缶（約100g）
長芋　5cm
長ねぎ　½本
牛乳　¾カップ
薄力粉　大さじ3
塩　小さじ¼
B　薄力粉　大さじ2½、
　溶き卵　大さじ2、水　小さじ2、
　塩　少々
パン粉・揚げ油　各適量

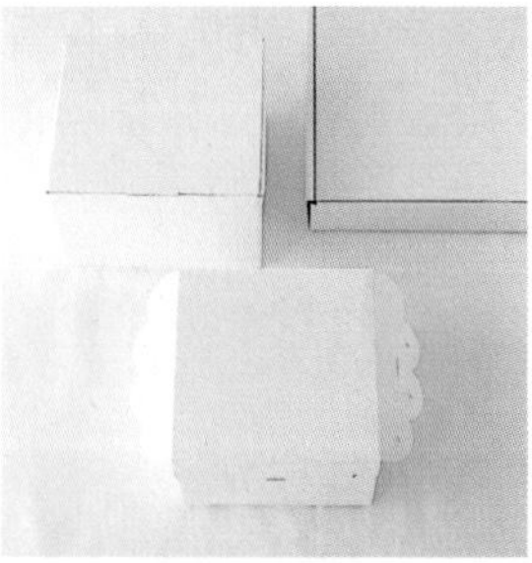

作り方

ポテトとマッシュルームのキッシュ

1. じゃがいもは芽を取って皮をむき、薄切りにする。マッシュルームは石づきを落として、汚れをふき取り、みじん切りにする。卵は溶きほぐす。
2. 小鍋にバターと油を入れ、火にかける。バターが溶けたらAを加え、炒める。いい香りがしてきたらじゃがいもとアーモンドプードルを加えてざっと炒める。牛乳を加え、沸いてきたら中弱火にしてときどき木べらで鍋底を混ぜながら10分ほど煮詰める。
3. ボウルに2を移し入れ、粗熱が取れたら卵、塩、チーズの⅓量を加え混ぜる。
4. 3を型に流し入れ、残りのチーズを表面にのせる。250℃に温めたオーブンで20分ほど表面にうっすら焼き色がつくまで焼く。

カニクリームコロッケ

1. 長芋は皮をむいて小さめの角切りにする。長ねぎはみじん切りにする。
2. フライパンを火にかけ、油（分量外）をひいて長ねぎを炒める。しんなりしたら長芋を加えて炒め合わせ、薄力粉を加えて全体に混ぜる。
3. 2にカニ肉を加えてざっと混ぜ、牛乳を少しずつ加えながら混ぜ合わせる。強火にし、煮立ったら中弱火にして、水分をとばしながらときどき混ぜる。少しぽってりしてきたら塩を加え混ぜ、火からおろす。
4. 3をバットに移し入れ、熱いうちに表面にぴっちりラップをかける。粗熱が取れたら冷蔵庫で1時間ほど冷やす。
5. 4のたねを9等分して丸め、合わせたBにひとつずつ入れてまんべんなくまぶす。
6. 5にパン粉をまぶしつけ、180℃の揚げ油でうっすらきつね色になるまで揚げる。

◎ケーキやお菓子が入っていたような大きめの箱にクッキングシートを敷き詰め、ポテトとマッシュルームのキッシュを型ごと重ね入れる。パプリカとセロリのコールスローは密閉容器に入れてから箱に詰める。空いたところにバランスよく残りのおかず類を詰める。

材料

チキンのオーブン焼き

鶏もも肉　500g
じゃがいも　2個
にんじん　1本
白ワイン　150ml
塩　小さじ2½
オリーブ油　大さじ2～3
こしょう　適量

パプリカとセロリのコールスロー

黄パプリカ　1個
セロリ　½本
玉ねぎのみじん切り（細かいもの）
大さじ2
鶏ささみ肉　1本
セロリの葉　適量
C　マヨネーズ　大さじ4、
　酢・レモン汁　各大さじ½強
塩　適量
油　少々

ワインゼリー

種なしピオーネ　15粒
D　オレンジ果汁・赤ワイン　各1カップ、
　はちみつ　大さじ2、三温糖　60g
レモン汁　小さじ1
板ゼラチン　6g

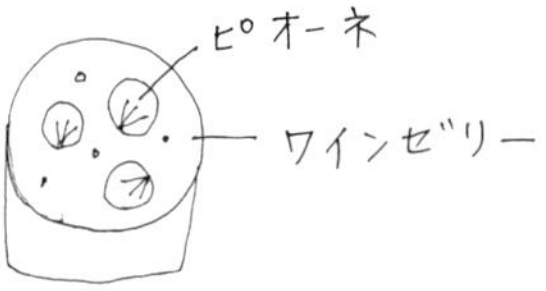

作り方

チキンのオーブン焼き

準備：鶏肉は余分な脂を取り除いて塩をすりこみ、白ワインにつける。表面にぴったりくっつくようにしてラップをかけ、ひと晩おく。

1. じゃがいもは芽を取って薄切り、にんじんも薄切りにする。

2. 耐熱容器にオリーブ油少々（分量外）をぬり、1の野菜を敷き詰める。上から水けをふき取った鶏肉をのせ、オリーブ油をまわしかける。

3. 250℃に温めたオーブンで20～30分、表面に焼き目がつくまで焼く。串をさして透明の肉汁が出てきたら取り出す。粗熱が取れたら食べやすい大きさに切ってこしょうをふる。

パプリカとセロリのコールスロー

1. 黄パプリカはたて半分に切ってヘタと種を取り除き、小さめの角切りにする。セロリは1cm幅の薄切りに、玉ねぎは塩ひとつまみをふり、しばらくおいて水けをしぼる。Cは合わせておく。

2. 小鍋に水½カップと塩ひとつまみを入れ、火にかける。沸いてきたらささみ肉を加えて弱火にし、ふたをして5分ほど火を通す。そのままおき、粗熱が取れたら細かく裂く。

3. フライパンを火にかけ、油をひいて黄パプリカをざっと炒める。セロリ、2のゆで汁大さじ2を加えて炒め合わせ、ボウルにとる。2のささみ肉、1の玉ねぎを加え、ざっくり混ぜる。ボウルの底に氷水をあて粗熱を取り、細かく刻んだセロリの葉とCを加え混ぜ、塩で味をととのえる。

ワインゼリー

1. ピオーネは皮をむいてレモン汁をかける。板ゼラチンは冷水に浸してもどす。

2. 小鍋にDを入れ、火にかける。鍋肌が沸いてきたら1のピオーネを加え、弱火で5分ほど煮る。火からおろし、水けをしぼった板ゼラチンを加え混ぜ、溶かす。

3. 2の鍋底に氷水をあて、混ぜながら冷やす。粗熱が取れたら器に注ぎ、ラップをして冷蔵庫で冷やし固める。

お疲れさまのお弁当

材料（1人分）

ご飯　適量

豚の梅焼き

豚肩ロース肉　1枚（約80g）
玉ねぎ　¼個
A　酒　大さじ1、水　50ml
B　梅干しをたたいたもの　大さじ1、
　メープルシロップ　大さじ½
スプラウト　適量
油　適量

山芋卵

卵　1個
C　山芋のすりおろし　大さじ1、
　かつお節　小さじ1、
　みりん　小さじ1、
　しょうゆ　少々、
　塩　ひとつまみ
油　適量

梅サラダ

大根　1cm（約50g）
水菜（小）　½株
D　梅おかか（p.40参照）　小さじ2、
　みりん・ごま油　各小さじ1、
　酢　小さじ½
塩　少々
油　少々

作り方

豚の梅焼き

1. 玉ねぎは薄切りにする。
2. フライパンを火にかけ、油をひいて豚肉と玉ねぎを入れる（玉ねぎで豚肉を囲むように）。豚肉を両面こんがり焼き、Aを加えてふたをし、蒸し焼きにする。充分に火が通ったら合わせておいたBを加え混ぜ、水分をとばしながら肉に絡める。

山芋卵

1. ボウルに卵を溶きほぐし、Cを加え混ぜる。
2. 卵焼き器を火にかけ、油をひいて卵液を半量流し入れる。表面がかたまってきたら手前から奥へと菜箸で巻いていく。残りの卵液を流し入れ、今度は奥から手前に巻く。

梅サラダ

1. Dは合わせておく。大根は細切り、水菜は根元を落として3cm長さに切る。
2. フライパンを火にかけ、油をひいて大根をざっと炒める。水菜と塩を加えて炒め合わせ、ボウルに取る。底を氷水にあてて冷やし、粗熱を取ってから少しずつDを加えて味をととのえる。

◎ お弁当箱にご飯を詰め、斜め薄切りにした豚の梅焼き、フライパンに残った玉ねぎとソースの順にのせ、スプラウトをあしらう。

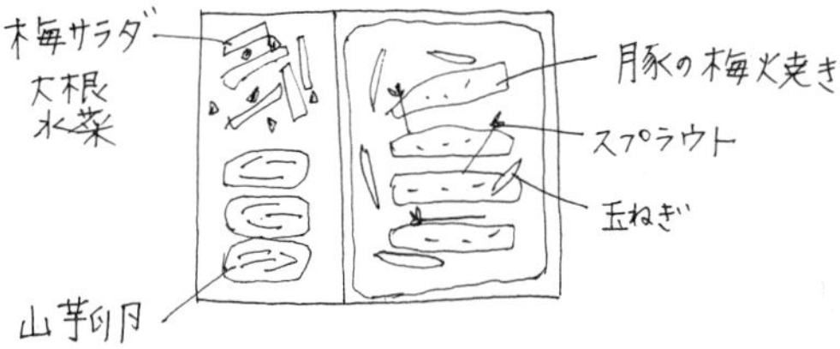

梅干しは元気になれます。京都でお昼ごはんの係をしていた頃も「梅を使ったもので……」というリクエストをよくもらいました。疲れているあの人へ、元気を注入するお弁当です。

がんばって弁当

材料（1 人分）

オムライス

ご飯　茶碗 1.5 杯分
鶏もも肉　50g
にんじん　¼ 本
ピーマン　1 個
マッシュルーム　3 個
玉ねぎのみじん切り　大さじ 2
トマトケチャップ　大さじ 4
塩・こしょう　各少々
A　卵　1 個、牛乳　小さじ 1、
　塩・こしょう　各少々
バター　5g
油　適量
パセリ　適量

作り方

オムライス

1. 鶏もも肉は余分な脂を除き、ひと口大に切る。にんじんはみじん切り、ピーマンはたて半分に切ってからヘタと種を取り除き、5mm 角ほどに切る。マッシュルームは石づきを落として汚れをふき取り、1 個はみじん切り、残りは厚めにスライスする。ボウルに A を入れ、混ぜ合わせる。
2. フライパンを火にかけ、バターと油をひいてピーマン以外の野菜と肉を炒める。しんなりして焼き目がついてきたらピーマンを加えて炒め合わせ、端に寄せる。ご飯を広げてトマトケチャップを加え、全体を炒め合わせる。塩、こしょうで調味し、取り出す。
3. フライパンを火にかけ、油少々をひく。A の卵液を流し入れ、木べらで大きく混ぜ、中心にトマトケチャップ大さじ 1（分量外）をのせて包み、フライパンを傾けながら端に寄せて形づくる。

◎お弁当箱に 2 のケチャップご飯を詰め、3 の卵をのせてきざんだパセリをあしらい、旗を飾る。

「オムライス」は、その言葉も見た目も、なぜだかウキウキするもの。それに旗が立っていたらなおのこと。フレーフレーの思いを込めて、元気な卵の黄色とオレンジのご飯で応援します。

お見舞いのお弁当

材料（1人分・12個分）

小豆玄米むすび

玄米　2カップ
小豆　30g
昆布　3cm角×1枚
塩　ひとつまみ
黒ごま塩　適量

蒸し根菜むすび

ご飯　茶碗3杯分
大根　1cm（約50g）
にんじん　3cm（約50g）
ごぼう（太）　10cm
しいたけ　2枚
昆布　5cm角×1枚
酒　大さじ2
しょうゆ　小さじ1
塩　少々
かつお節　ふわっとひとつかみ

作り方

小豆玄米むすび

1. 玄米と小豆は洗って圧力鍋に入れ、昆布と水3カップを加えて30分ほど浸水させる。

2. 1に塩を加え、強火にかける。錘が勢いよく回ったら弱火にし、25分ほど炊く。火を止め、15分ほど蒸らしてから錘を傾けて蒸気を抜く。

3. しゃもじでさっくり混ぜ、ボウルに取る。おむすびをにぎり、黒ごま塩をふる。

蒸し根菜むすび

1. 大根、にんじん、ごぼうはそれぞれせん切りにして塩をまぶす。しいたけは石づきを落とし、軸はせん切り、かさは細切りにする。

2. 小鍋に昆布を敷き、しいたけ、にんじん、大根、ごぼうを順に重ね入れ、酒をふって弱火にかける。20分ほどして甘い香りがしてきたら（全体に火が通ったら）、しょうゆを加え混ぜ、火からおろす。昆布は細切りにして戻し入れる。

3. ボウルにご飯、蒸し野菜、かつお節を入れてさっくり混ぜ、おむすびをにぎる。

◎おむすびをひとつずつラップで包み、気に入りの布でまとめる。おむすびのにぎり方はp.4を参照。

※一気に食べるのではなく、冷凍して少しずつ食べることを考え、1人分・12個としました。

小豆玄米むすび
蒸し根菜むすび
小豆は身体をととのえてくれます。
じっくり蒸し煮した野菜も
温めてくれます。
残りは冷凍して
お腹の空いたときにどうぞ…

親しい人へのお見舞いに差し入れたお弁当。早く元気になりますように、おなかがすいたときにすぐ食べられますように、という思いを込めて、からだにうれしい素材でおむすびをにぎります。

みんなで持ち寄り弁当

少しずつ好きなものをいろいろ持ち寄る楽しみは、メニューを考えるときから始まります。
辛いもの、甘いもの、色、組み合わせ……。　そのまま食べられるよう、かわいいビンに詰めます。

材料（4～5人分）

野菜とレバーのパテ

長芋　5cm
にんじん　⅓本
セロリ　¼本
鶏レバー　200g
A　にんにく　1片、ローリエ　1枚、
　セロリの葉　2～3枚
塩・こしょう　各適量

塩味クラッカー

B　薄力粉　100g、
　塩　しっかりひとつまみ、
　パルミジャーノ・レッジャーノの
　すりおろし　大さじ2
C　メープルシロップ　小さじ2、
　水　大さじ½、塩　少々
菜種油　大さじ2

作り方

野菜とレバーのパテ

1. 鶏レバーはひと口大に切り、流水で洗って血合いや白い脂を取り除く。にんにくは皮をむき、たて半分に切って芯を取り除く。
2. 小鍋にたっぷりの水とA、塩ひとつまみを入れ、火にかける。沸いたら1のレバーを加えて弱火にし、5分ほど煮てゆでこぼす。にんにくは取っておく。
3. 長芋、にんじん、セロリはひと口大に切り、塩少々をふって蒸気の上がった蒸し器で蒸す。セロリは5分、ほかの野菜は10分を目安に。蒸し上がった長芋は皮をむく。
4. フードプロセッサーに2のレバーとにんにく、3の野菜類を入れて攪拌し、ペースト状にする。塩、こしょうで調味し、清潔なビンに移し入れて冷蔵庫で保存する。

※ 冷蔵庫で3日間保存できます。

塩味クラッカー

1. ボウルにBを入れ、ざるでふるう。Cは合わせておく。
2. Bに菜種油を加え、ゴムべらで切るように混ぜた後、手で生地をこすり合わせてポロポロの状態にする。
3. 2にCを加え、ゴムべらで切るように混ぜ、手でざっとまとめてラップに包む。冷蔵庫で30分以上休ませる。
4. 3の生地を大きめに切ったラップ2枚で挟み、上からめん棒で薄く（2mmくらい）のばす。上のラップをはずし、包丁で約3×2cm角の長方形に切ってオーブンシートを敷いた天板の上に並べる。フォークで生地の表面全体に穴をあけ、塩少々（分量外）をふる。
5. 160℃に温めたオーブンで15分で焼き、うっすら焼き色がついたら取り出す。網の上に並べ、粗熱が取れたら密閉容器に入れて保存する。

※ 常温で10日間保存できます。

材料

ピクルス

ミニトマト　10個
カリフラワー　⅓株
にんじん　1本
D　酢　1カップ、
　メープルシロップ　大さじ2、
　みりん　大さじ1⅓、
　塩　大さじ½、ローリエ　1枚、
　粒黒こしょう　10粒

ドライフルーツ

バナナ・デラウェア　各適量

作り方

ピクルス

1. ミニトマトはヘタを取り、湯むきする。カリフラワーは食べやすく小房に分ける。にんじんは1cm太さの棒状に切る。

2. 小鍋にDを入れ、火にかける。鍋肌が沸いてきたら火からおろし、粗熱を取る。

3. 別の鍋に3cm深さほどの水を入れ、塩ひとつまみ（分量外）を加えて火にかける。沸いてきたらカリフラワーとにんじんを入れてふたをする。1分ほどしたらざるに上げ、さらしを敷いたバットに広げて水けを取る。

4. 清潔なビンにミニトマト、カリフラワー、にんじんを入れ、2の液を注ぐ。冷蔵庫で1日おき、翌日から食べられる。

※ 冷蔵庫で2週間保存できます。

ドライフルーツ

バナナは皮をむいて5mm厚さの輪切りにする。ざるに広げて天日で2～3日干す（日が落ちたら取り込む）。食品用ビニール袋に入れ、冷蔵庫で保管する。デラウェアは洗ってよく水けをきり、軸ごと小房に分ける。ざるに広げるか糸でつるし、天日で10日ほど干す（日が落ちたら取り込む）。

※ オーブンで作る場合は、天板にオーブンシートを敷き、フルーツを並べる。100℃でバナナは1時間半、デラウェアは2時間半焼き、そのままオーブンの中で粗熱が取れるまでおく。冷蔵庫で1ヵ月間保存できます。

◎それぞれビンに詰め、ふたに小さな布をかぶせてひもで留める。

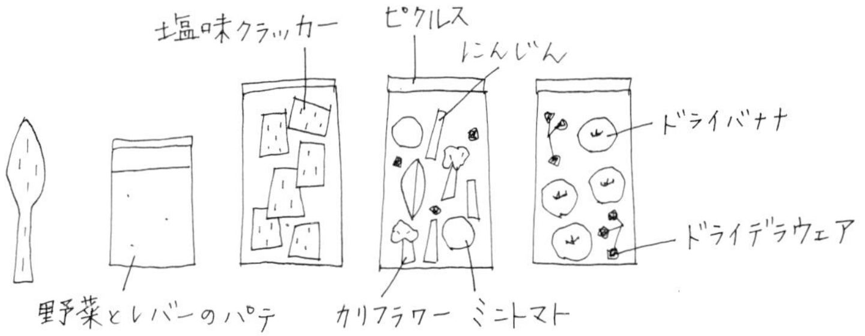

ひき肉のくふう

そぼろにしたり、まとめてハンバーグやつくねにしたりと便利な素材「ひき肉」。
かえる食堂の定番はこんな感じです

レモンそぼろ

さっぱりした豚肉のそぼろ。野菜によく合います

材料

豚ひき肉　50g、レモン汁　½ 個分、
塩　小さじ ½

作り方

小鍋に豚ひき肉、レモン汁、塩を入れ、中火にかける。木べらで混ぜ、肉が白っぽくなったら火からおろす。

◎ 密閉容器に入れ、冷蔵庫で３日間保存できます。

そぼろ煮

オムレツの中身にしたり、野菜と和えたり

材料

鶏ひき肉　100g、酒　大さじ 1、
玉ねぎのみじん切り　大さじ 3、
しょうがのすりおろし　小さじ 1、
みりん・しょうゆ　各大さじ 1½、油　少々

作り方

鶏ひき肉に酒を合わせる。フライパンを火にかけ、油をひいて玉ねぎを炒める。しんなりしたら鶏肉としょうがのすりおろしを加え、ざっと炒めてみりんとしょうゆ、水 50ml を加える。沸いてきたら中火にし、木べらで切るように炒める。少し水分を残して火を止める。

◎ 密閉容器に入れ、冷蔵庫で２週間保存できます。

ハンバーグ＆つくねのアレンジ 1

食感をよくする

つなぎを加えてふんわりモチッと仕上げます

作り方

すりおろしたじゃがいもやれんこん、水きりした豆腐をひき肉に加えることで、時間がたってもふんわり、もっちりとした食感が保てます（p.79、p.88 参照）。

ハンバーグ＆つくねのアレンジ 2

小さくまとめて味を変える

まとめて冷凍、詰める直前に焼いて

小さめに作ったハンバーグ＆つくねは、焼き上げてから甘辛いたれに絡めたり、ケチャップをつけるなどして、仕上げで味に変化をつけます。

卵のくふう

お弁当に欠かすことのできない素材「卵」。気軽に使えて色どりもよい卵を、
かえる食堂ではこんなふうに楽しんでいます。

じゃがいも卵と小さな目玉焼き

簡単なくふうでいつもの卵がきれいな形やかわいい姿に

ポーチドエッグ

食べるときにはくずしてソース感覚で

じゃがいも卵の材料

卵　1個、
A　じゃがいものすりおろし　大さじ2、
　みりん 小さじ ½、しょうゆ 少々、塩 ひとつまみ
油　適量

じゃがいも卵の作り方

卵を溶きほぐし、A を加え混ぜる。卵焼き器を火にかけ、油をひいて卵液を ⅓ 量流し入れる。表面がかたまってきたら手前から巻く。再び卵液を ⅓ 量流し入れ、奥から手前に巻く。残りの卵液も同様にして卵焼きを作る。巻きすにのせ、上下交互に３本の菜箸をかませて巻き、輪ゴムでとめて雲のかたちにする。

◎小さな目玉焼きはうずらの卵で作る。

材料

卵　1個、
A　水　300ml、酢　大さじ1

作り方

卵は直前まで冷蔵庫に入れておく。小鍋に A を入れて火にかける。沸いてきたら弱火にし、スプーンでひと混ぜして水流を作る。器に割った卵を鍋の中央にそっと落とし入れる。白身がかたまったら水をはったボウルに取る。

味卵

こっくりとした味わいが食欲をそそります

材料

ゆで卵（p.36参照）　3～4個、
昆布　3cm×1枚、
A　みりん　大さじ3⅓、しょうゆ　大さじ2、
　酢　小さじ2

作り方

ゆで卵は殻をむく。小鍋にAを合わせ入れ、火にかける。鍋肌が沸いたら火を止め、ゆで卵と昆布を加える。粗熱が取れたら密閉容器に移し、上下を返しながら冷蔵庫でひと晩おく。

◎冷蔵庫で1週間保存できます。

うずらの卵の酢漬け

小さくてころんとしたかたちがかわいい

材料

うずらの卵　5～6個、
A　昆布酢（p.4参照）　100ml、みりん　大さじ2、
　三温糖　大さじ½、塩　小さじ½強

作り方

うずらの卵は沸騰した湯に入れて3分ほどゆで、水に取って殻をむく。小鍋にAを入れ、火にかける。鍋肌が沸いてきたら火を止め、耐熱用の保存ビンに入れる。熱いうちにうずらの卵を入れ、粗熱が取れたら冷蔵庫で1日おく。

◎冷蔵庫で2週間保存できます。

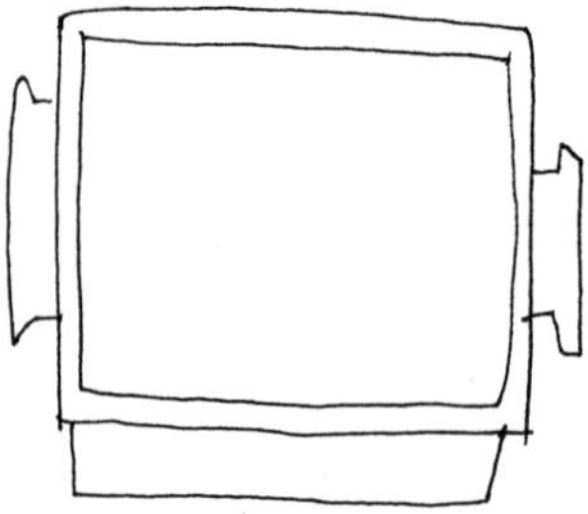

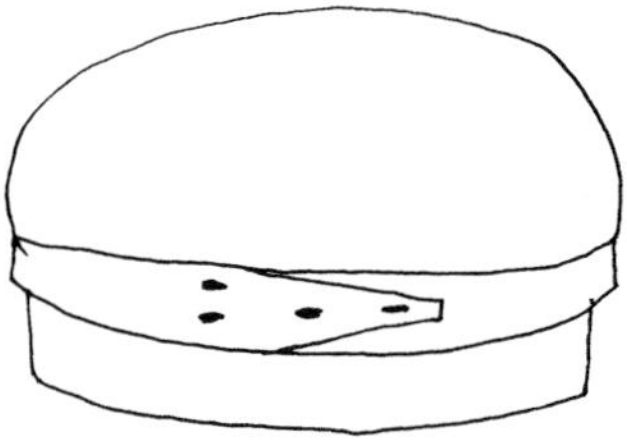

季節のお弁当

季節とお弁当は、
切っても切れない関係のように思います。
春には花見弁当、
ひな祭りのときには、
遠足には、お月見には……
そのときどきの思い出も
母の作ってくれたお弁当とともに
思い出します。
ほんの小さなものでも、
小さな箱の中に季節を感じると、
あぁ、そうだった、と思ったり、
この季節にはこれだよね、と思ったり。
その季節ならではの出会いものが
組み合わさったりしていると、
わぁ～！　と感激したり。
季節のお弁当には、
時季のものといっしょに
家族の思い出も
詰め込まれているように感じます。

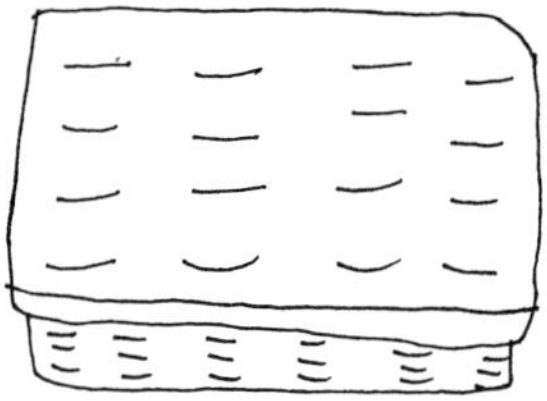

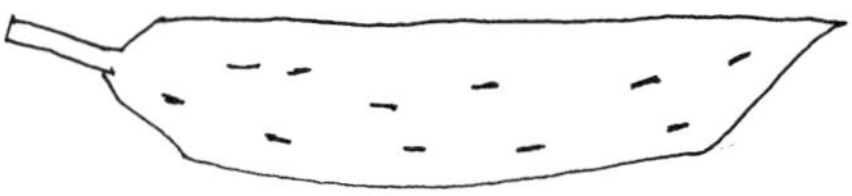

ひな祭り弁当

えびのピンクや卵の黄色、絹さやと菜の花のグリーン、白身魚の淡い白……、色とりどりの素材がころんと丸めたご飯にのったかわいい手まりむすび。和菓子のようにお重に詰めます。

材料（３人分）

手まりむすび　15個分

ご飯　茶碗３杯分
絹さや　10さや
甘えび　３尾
鶏もも肉　30g
菜の花　１～２本
卵　１個
白身魚の刺身　３切れ
牛肉のしぐれ煮（p.38参照）　大さじ３
A　みりん　大さじ½、しょうゆ　少々、かつお節　ふわっとひとつまみ、塩　ひとつまみ、水　50ml
B　酒・みりん・しょうゆ　各小さじ１
C　みりん　小さじ１、しょうゆ・酢　各小さじ½
D　たらこ（ほぐし身）　大さじ１、みりん　小さじ１
青のり　適量
白ごま　大さじ１
万能ねぎ　少々
塩　適量
酢　小さじ½
油　適量

新しょうがの甘酢漬け　適量
（p.42参照）

具の組み合わせ（各３個）
・甘えび＋絹さや
・菜の花ごはん＋鶏肉
・たらこ錦糸卵
・牛肉のしぐれ煮＋万能ねぎ
・青のり＋焼き魚

作り方

手まりむすび

1. 絹さやはヘタと筋を取る。甘えびは殻をむき、冷水に塩ひとつまみを加えた中で軽く洗う。小鍋にAを入れて火にかけ、煮立ってきたら甘えびを加える。火が通ったら取り出し、腹側の中心に切り込みを入れて開く。同じ鍋に絹さやを加えてふたをし、２分で取り出してせん切りにする。

2. フライパンを火にかけ、油少々をひいて鶏もも肉を皮目から焼く。焼き目がついたら返し、もう片面も同様に焼く。Bを加え、鶏肉に絡めながら炒め合わせる（水分をとばすようにして）。粗熱が取れたら薄切りにする。

3. 菜の花は塩ゆでして水けをしぼり、細かく切ってCに浸す。

4. ボウルに卵を溶きほぐし、Dを加え混ぜる。フライパンを火にかけ、油少々をひいて卵液を半量流し入れる。かたまってきたら菜箸で返し、もう片面もさっと焼いて取り出し、せん切りにする。残りも同様に焼く。

5. 白身魚は両面に塩ひとつまみをふり、焼き網で焼き、酢をふる。

6. ボウルにご飯を入れ、フライパンで軽く煎った白ごまと塩小さじ¼を加えてさっくり混ぜる。⅕量は別のボウルにとり、水けをしぼった菜の花を加える。

7. 6のご飯をおむすびをにぎるのと同じ要領で直径3cm弱の丸形にする（全部で15個になるように）。片手にラップを広げ、中心にそれぞれの具をおき、上から丸形にまとめたご飯をのせる。ラップでキュッと包み、かたちを整える。青のり＋焼き魚の組み合わせは、先にかたちを整えてから青のりをまぶしつけ、魚をのせる。

材料（１人分）

お吸い物

おぼろ昆布　２～3g
好みの麩（手まり麩や花麩など）２～３個
干しきのこ（p.40 参照）　ひとつまみ
かつお節　ひとつまみ
塩　しっかりひとつまみ

作り方

お吸い物

クッキングシートにすべての材料をのせ、包む。食べるときに耐熱のカップに入れ、湯を適量注ぐ。

◎お重に手まりむすびを彩りよく並べ入れ、新しょうがの甘酢漬けを添える。

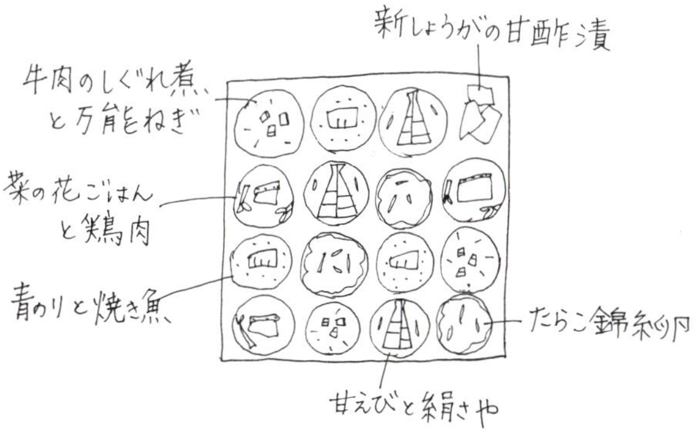

お花見弁当

特別大きなお弁当を作るのではなく、
小さくそれぞれに詰めた
お弁当を持って、桜の木の下で食べる、
小さなお花見会。
ちょっとしたことで急なお花見も
楽しくなります。

材料（3人分）

おいなり太巻き

ご飯　茶碗3杯分
油揚げ　3枚
A　昆布　5cm × 1枚、水　300ml
B　みりん　大さじ4、しょうゆ　大さじ1、
　かつお節　4g
（具材）
かますの干物　2枚
酢　小さじ2
菜の花　3～4本
白ごま　大さじ1
しょうがの薄切り　6枚
塩　しっかりひとつまみ

鶏つくね

鶏ひき肉　100g
絹さや　10さや
絹豆腐　⅕丁
C　長ねぎのみじん切り　大さじ2、
　しょうがのすりおろし　小さじ1、
　溶き卵　大さじ1、
　みりん　小さじ½、塩　ひとつまみ、
　片栗粉　大さじ1、ごま油　少々
D　水　50ml、しょうゆ　大さじ½、
　みりん・酒　各大さじ1
塩　適量
くず粉　小さじ1（同量の水で溶いておく）
油　適量

作り方

おいなり太巻き

1. 干物は焼いて身をむしり、酢となじませる。菜の花は塩ゆでして水けをしぼり、細かく切る。白ごまはフライパンで煎る。しょうがはせん切りにし、さっと水にさらして水けをきる。ボウルにご飯とすべての具材を入れ、混ぜ合わせる。

2. 油揚げは熱湯でさっとゆで、水けをしぼって表面に菜箸を転がす（開きやすくするため）。鍋にAを入れ、火にかける。鍋肌が沸いてきたら油揚げとBを加え、中弱火で煮汁がなくなるまで煮詰める。途中、上下を返し、まんべんなく煮汁がしみ込むようにする。粗熱が取れたら横長にしておき、両脇と上の辺に切り目を入れ、開いて1枚にする。

3. 2の油揚げを巻きすに広げ、奥を少し残して1のご飯を茶碗1杯分広げる。手前から奥のご飯を入れ込むようにくるりと巻く。手でギュッとおさえて太巻きのかたちを整え、輪ゴムでとめてしばらくおく。とじ目を下にしてぬらした包丁で食べやすい大きさに切る。

鶏つくね

1. 絹さやはヘタと筋を取り、塩ゆでして斜め半分に切る。豆腐はさらしで包んで重しをし、しっかり水きりする。

2. ボウルに鶏ひき肉、1の豆腐、Cを入れ、よく練る。9等分して丸型にまとめる。

3. フライパンを火にかけ、油をひいて2のつくねを焼く。焼き目がついたら返し、ふたをする。途中、水大さじ2（分量外）を加えて中まで火を通し、いったん取り出す。

4. 同じフライパンにDを加えて強火にし、少し煮詰めてから水溶きくず粉を加え混ぜる。3のつくねを戻し入れ、たれを絡める。

材料

カニ卵焼き

卵　3個

カニ肉（缶詰・小）　1缶（約55g）

E　長ねぎのみじん切り　大さじ2、
　みりん　大さじ½、
　塩　ひとつまみ

油　少々

竹の子のきんぴら

竹の子の水煮　100g

F　酒・みりん・しょうゆ　各小さじ1

ごま油　適量

一味唐辛子　少々

作り方

カニ卵焼き

1. ボウルに卵を溶きほぐし、カニ肉（汁ごと）とEを加え混ぜる。

2. 卵焼き器を火にかけ、油をひいて卵液を⅙量流し入れる。全体にかたまってきたら手前から奥へ菜箸でくるくると巻く。これを2回ほど（⅙量ずつ）繰り返し、卵焼きを作る。残りの卵液も3回にわけて流し入れ、もう1本（合計2本）、卵焼きを作る。粗熱が取れたら食べやすい大きさに切る。

竹の子のきんぴら

1. 竹の子は太めのせん切りにする。Fは合わせる。

2. フライパンを火にかけ、ごま油をひいて竹の子を炒める。全体に焼き色がついたらFを加え、炒める。水分がなくなってきたら火をとめ、一味唐辛子をふる。

◎3つのお弁当箱においなり太巻き、カニ卵焼き、鶏つくねと絹さや、竹の子のきんぴらを均等に分け、詰める。

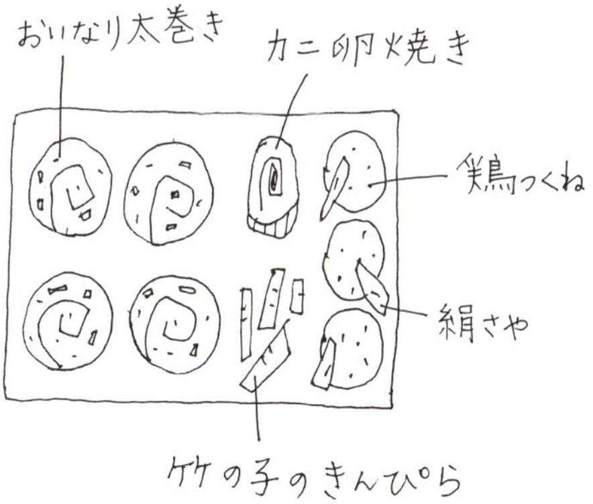

こどもの日のお弁当

ぐんぐん伸びる竹の子や笹を使って、

大きくなりますように、

と思いを込めた１年に１度のお弁当。

おかずの種類もいろいろ詰めて、

楽しく作ります。

材料

焼き竹の子の笹包みごはん

竹の子の水煮　100g
かつお節　ふわっとひとつかみ
A　みりん・しょうゆ　各小さじ 1
ご飯　茶碗 3 杯分
塩　少々
笹の葉　6 枚

たらこ巻き、肉巻き卵焼き

たらこ　½ 腹
牛肉のしぐれ煮（p.38 参照）　大さじ 2
卵　2 個
B　万能ねぎの小口切り　2 本分、
　酒・みりん　各小さじ 1
油　適量

作り方

焼き竹の子の笹包みごはん

1. 笹の葉は乾燥のものは水でもどし、水けをふく。生のものは洗って水けをふく。竹の子は塩をふり、焼き網で焼く。全体に焼き目がついたら、熱いうちに A を絡める。粗熱が取れたら小さめのくし形に切り、さらに A を絡める。
2. ボウルにご飯、竹の子、かつお節を入れてさっくり混ぜ、6 等分する。笹の葉の上半分にご飯をのせて下半分の笹を折り重ね、葉の端をさいて口を結ぶ。

たらこ巻き、肉巻き卵焼き

1. たらこは焼いて、たて半分に切る。ボウルに卵を溶きほぐし、B を加えてよく混ぜる。
2. 卵焼き器を火にかけ、油をひいて卵液を ¼ 量流し入れる。手前にたらこをひと並べにし、卵の表面がかたまってきたところでたらこを包むように手前から奥へくるっと卵を巻く。さらに ¼ 量卵液を流し、今度は奥から手前に向かって巻く。巻きすに取り、輪ゴムで軽く巻いて丸くかたちを整える。牛肉のしぐれ煮も同様にして巻く。それぞれ 3 等分する。

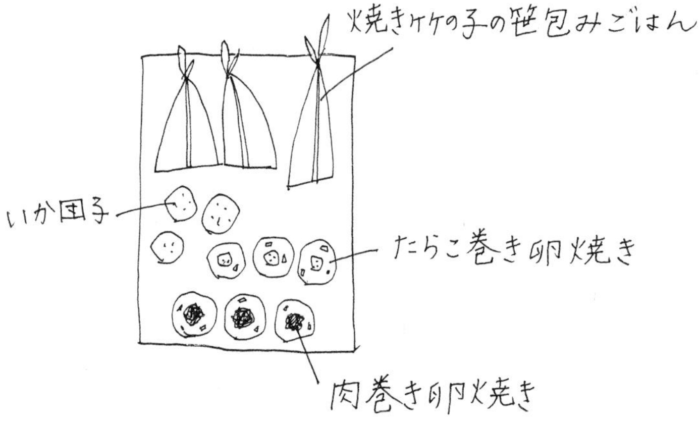

材料

いか団子

するめいか　1ぱい

C　青のり・溶き卵　各大さじ1、

　片栗粉　小さじ1、塩　ひとつまみ

うずらのゆで卵　4個

チーズ（1cm角）　4個

片栗粉　適量

揚げ油　適量

作り方

いか団子

1. するめいかはワタと皮を取って流水で洗い、キッチンペーパーで水けをふき取り、フードプロセッサーで攪拌する。

2. 1をボウルに取り出し、Cを加え混ぜ、8等分にする。手を水でぬらしながら、中にうずらの卵またはチーズを1個ずつ入れて丸める。

3. 片栗粉をまぶしつけ、低温の揚げ油でじっくり揚げる（一気に入れずに2～3回に分けて揚げる）。

運動会のお弁当

幼い頃、運動会のお弁当は特別楽しみなものでした。がんばってきてね、と母が詰めてくれたおかずは、わんぱくだった私の好物ばかり。うれしかった思いがよみがえります。

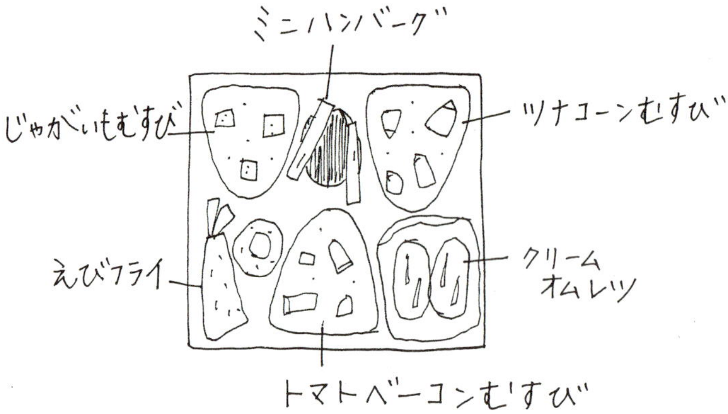

材料（1人分）

じゃがいもむすび　1個分

ご飯　茶碗½杯分
じゃがいも（小）　½個
塩　ひとつまみ
油　適量

ツナコーンむすび　1個分

ご飯　茶碗½杯分
とうもろこし　¼本
ツナ缶（小）　½缶
A　みりん　小さじ½、
　しょうゆ　小さじ¼

トマトベーコンむすび　2個分

ご飯　茶碗に軽く1杯分
トマト（小）　1個
玉ねぎのみじん切り　大さじ2
ベーコン　1枚
塩　少々
油　少々

えびフライ

えび（ブラックタイガー）　3尾
B　片栗粉・水　各小さじ1、
　塩　ひとつまみ
C　溶き卵　小さじ1、
　玉ねぎのみじん切り・
　パセリのみじん切り　各小さじ2、
　マヨネーズ　大さじ1½、
　薄力粉　小さじ1、塩　小さじ¼
パン粉・揚げ油　各適量

作り方

じゃがいもむすび

1. じゃがいもは芽を取り、皮のまま1cmほどの角切りにする。
2. フライパンを火にかけ、油をひいてじゃがいもを炒める。火が通ったら（全体がうっすらきつね色になったら）キッチンペーパーの上に取り、塩をまぶす。
3. ボウルにご飯と炒めたじゃがいもを入れ、さっくり混ぜてにぎる。

ツナコーンむすび

1. とうもろこしは実をはずす。
2. フライパンを火にかけ、ツナ（油汁ごと）ととうもろこしを炒める。とうもろこしが鮮やかな色になったら、Aを加えて炒め合わせる。
3. ボウルにご飯と2を入れ、さっくり混ぜてにぎる。

トマトベーコンむすび

1. トマトはヘタを取り、ざく切りにする。ベーコンは1cm角に切る。
2. フライパンを火にかけ、油をひいて玉ねぎとベーコンを炒める。玉ねぎがしんなりしたらトマトを加え、木べらで水分をとばすようにして炒める。ご飯と塩を加え、木べらで切るようにして炒め合わせる。
3. ボウルに2を入れ、さっくり混ぜてにぎる。

えびフライ

1. えびは尾を残して殻をむき、背ワタを取って腹の部分に3〜4カ所切り目を入れる。ボウルに入れ、Bを加えてよくもむ。水洗いしてからキッチンペーパーで水けを取る（尾にたまった水けは包丁でしごき出す）。
2. Cを合わせてよく混ぜ、1尾ずつに絡める。パン粉をつけ、中温の揚げ油できつね色にからりと揚げる。

材料

ミニハンバーグ　直径3cm、5個分

牛ひき肉　50g

D　じゃがいものすりおろし※　大さじ2

　玉ねぎのみじん切り　大さじ1½、

　溶き卵　大さじ½、

　オイスターソース・みりん　各小さじ½、

　塩、こしょう 各少々

いんげん　5本

油 適量

E　酒、みりん　各大さじ1、

　しょうゆ　小さじ2、水　50ml

くず粉　小さじ½（同量の水で溶いておく）

※じゃがいものすりおろし＝じゃがいもの皮をむいてすりおろし、塩少々をふる、ざるに上げて水けをきる。

クリームオムレツ

卵　1個

にんじん（太）　1cm

溶けるチーズ（シュレッドタイプ）　10g

牛乳　50ml

バター　5g

薄力粉　小さじ1

塩　ひとつまみ

こしょう　少々

おやつ

モンキーバナナ　1本

作り方

ミニハンバーグ

1. ボウルにひき肉とDを入れ、よく練り混ぜ、5等分して丸型にまとめる。

2. フライパンを火にかけ、油をひいて1を焼く。焼き色がついたら裏返し、フライパンの空いているところに、ヘタを落として3cm長さに切ったいんげんを入れてふたをする。途中、水大さじ2（分量外）を加えて中まで火を通し、いったん取り出す。

3. 同じフライパンにEを入れ、火にかける。沸いてきたら水溶きくず粉を加え、煮つめる。

4. ミニハンバーグといんげんを戻し入れ、3を絡める。

クリームオムレツ

1. ボウルに卵を割りほぐし、塩、こしょうする。にんじんはせん切りにする。

2. フライパンを火にかけ、バターを入れてにんじんを炒める。しんなりしたら薄力粉を加えて炒め合わせる。粉がなじんだら牛乳を加え、少し煮詰めてからチーズを加える。

3. チーズが溶けたところで卵を加え、木べらで全体をざっと混ぜる。フライパンを傾けて卵を片側に寄せながらかたちを整える。

◎ お弁当箱に3種類のおむすびをバランスよく入れ、おむすびとおむすびの間におかずを詰める。デザートのモンキーバナナも忘れずに。

花火大会の日のお弁当

材料（2～3人分）

焼きおむすび　6個分

ご飯　茶碗4杯分

A　かつお節　大さじ2、
　しょうゆ　小さじ½弱

B　みりん　小さじ½、
　しょうゆ　小さじ1

たこの唐揚げ

たこ　200g

C　片栗粉　大さじ3、塩　小さじ½

揚げ油　適量

レモン　適量

焼き野菜

とうもろこし　1本

なす　2本

ししとうがらし　10本

D　塩　小さじ¼、油　大さじ1

E　おろしにんにく　少々、
　みりん　大さじ½、
　しょうゆ　大さじ1、
　チリパウダー　ひとふり

枝豆

枝豆・塩　各適量

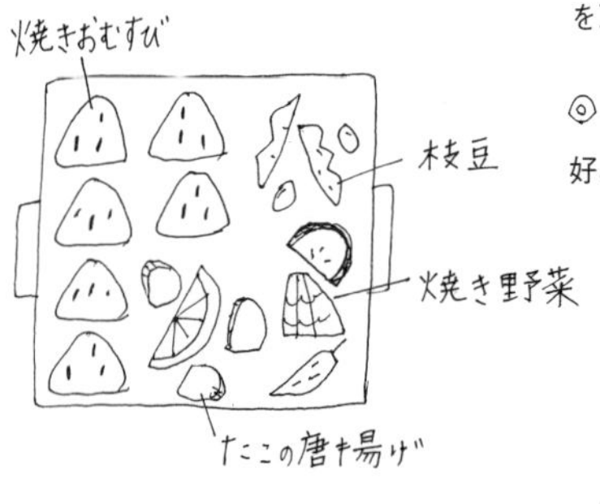

作り方

焼きおむすび

1. ボウルにご飯とAを入れ、しゃもじで切るように混ぜる。6等分して三角形のおむすびをにぎる。

2. フライパンまたは網に薄く油（分量外）をぬり、おむすびをのせる。表面にはけでBをぬりながら軽くあぶる。

たこの唐揚げ

1. たこはぶつ切りにして水けをふき取る。

2. ボウルにたこを入れ、Cをまぶしつける。

3. 中温の揚げ油でからりと揚げる。レモンを添えて詰める。

焼き野菜

1. とうもろこしは5等分にしてからたて半分に切る。なすはヘタを取り、たて半分に切ってから大きめの乱切りに、ししとうがらしは軸を切り落とす。

2. とうもろこしとなすにDをぬり、ししとうがらしとともに網で焼く（こんがり焼き目がつき、ぷくっとなるまで転がしたり返したりしながら）。仕上げにEにつけ、再度さっとあぶる。

枝豆

1. 枝豆は調理ばさみでさやの両端を少し切り落とす。ボウルに入れて全体にしっかり塩をまぶす。

2. 鍋に枝豆を入れ、枝豆の⅓量ほどの水を加えてふたをし、強火にかける。湯気が出て5分ほどしたらざるに上げて粗熱を取る。

◎ お弁当箱に焼きおむすびを入れ、彩りよくおかずを詰める。好みのビールも忘れずに！　おむすびのにぎり方はp.4を参照。

夏休みに出かける祖父母の家からは、海から打ち上げられる花火が見えました。親戚が皆集まって飲んだり食べたりしながら見る花火には、つまみとお気に入りのビールも欠かせません。

真夏のお弁当

材料（1人分）

ゴーヤとじゃがいものドライカレー

ご飯　茶碗1.5杯分

ゴーヤ　¼本

じゃがいも（中）　⅓個

玉ねぎのみじん切り　大さじ1

A　豚ひき肉　100g、
　おろしにんにく・おろししょうが
　各½片、カレー粉　大さじ½

カレー粉　大さじ½

みそ　大さじ1強

塩・こしょう　各適量

油　小さじ2

うずらの卵の酢漬け　1〜2個
（p.63参照）

作り方

1. ゴーヤはたて半分に切り、スプーンで種とワタを取り除く。5mm厚さに切ってからさらに半分に切り、ボウルに入れて塩ひとつまみをふって軽くもむ。しばらくおいてからさらしに包んで水けをしぼる。じゃがいもは芽を取り、皮ごと3cm長さの棒状に切る。Aは合わせておく。

2. フライパンを火にかけ、油を半量ひいて玉ねぎ、ゴーヤ、じゃがいもを炒める。全体に焼き色がついたら弱火にし、Aと塩ひとつまみを加えて木べらで切るように炒める。肉から油が出てきてポロポロになったら端に寄せ、残りの油をひいてカレー粉を加える。上からご飯を広げて全体を炒めながらみそを加え、塩、こしょうで調味する。

◎お弁当箱にドライカレーを詰め、半分に切ったうずらの卵の酢漬けを添える。

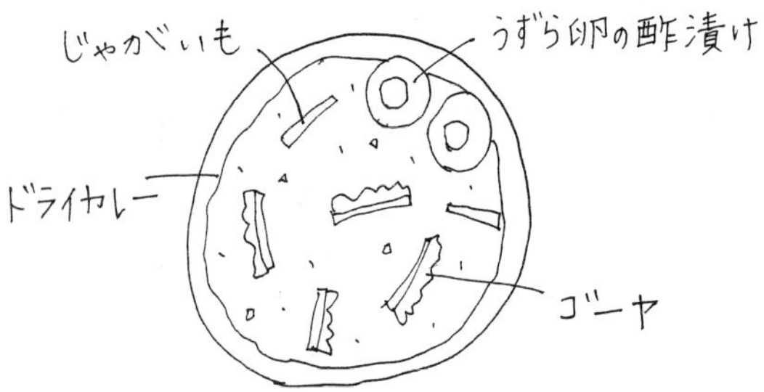

暑い日に！　そして食欲のない日にも！　夏はなんだかカレーが食べたくなります。スパイスをきかせたドライカレーに、夏の野菜ゴーヤを加えた、シンプルな夏のお弁当です。

遠足のお弁当

材料（1人分）

ご飯　適量

いり卵

卵　1個

A　みりん　小さじ½、
　しょうゆ　ほんの少し、塩　少々

そぼろ煮（p.60参照）

絹さや

絹さや　10さや

B　かつお節　ひとつまみ、塩　少々、
　昆布　2cm角×1枚、水　50ml

えびしゅうまい

えび（ブラックタイガー）　5尾

絹豆腐　⅛丁

C　しょうがのすりおろし　小さじ1、
　長ねぎのみじん切り　大さじ2、
　溶き卵 大さじ½、片栗粉 小さじ1、
　みりん・しょうゆ　各小さじ¼、
　ごま油　小さじ½、
　塩　しっかりひとつまみ

しゅうまいの皮　10枚

蒸し野菜

ブロッコリー・ヤングコーン　各適量

塩　少々

D　みそ少々、マヨネーズ 小さじ1

さくらんぼ　適量

作り方

いり卵

1. ボウルに卵を割りほぐし、Aを加え混ぜる。

2. 小鍋に卵液を入れ、湯せんにかけながら菜箸でよく混ぜる（外側からかたまってくるので、外側から内側に向かって混ぜるときれいに仕上がる）。

絹さや

1. 絹さやはヘタと筋を取る。

2. 小鍋に絹さやとBを入れ、ふたをして強火にかける。2分ほどしたら火を止め、絹さやを取り出して粗熱を取る。たて半分に切ってからせん切りにする。

えびしゅうまい

1. 豆腐はさらしで包んでしっかり水きりする。えびはp.78のえびフライの1の要領で下処理した後、キッチンペーパーで水けをふき取り、包丁でたたいてミンチにする。

2. ボウルに豆腐とえび、Cを入れ、よく混ぜる。しゅうまいの皮に大さじ1強のせて包み、蒸気の上がった蒸し器に並べ入れ、強火で10分ほど蒸す（蒸し器にはクッキングシートを敷いておく）。

蒸し野菜

小房に切り分けたブロッコリーとヤングコーンに塩をふる。しゅうまいと同じ蒸し器に野菜を入れ、蒸す。ブロッコリーは3分、ヤングコーンは5分で取り出す。

◎お弁当箱にご飯を詰め、樹木のかたちに切ったアルミ箔をさっと水にぬらしてからのせる。アルミ箔をはずしていり卵を敷き詰める。アルミ箔を取りのぞき、木の部分にそぼろ煮を、葉の部分に絹さやを敷き詰める。おかず入れにバランスよくおかずを盛る。蒸し野菜には合わせておいたDを添える。デザートのさくらんぼは別の容器に入れる。

ふたを開けたとき、少しだけ得意になるようなお弁当がうれしかった。遠足のときは特にそう。
いつものそぼろ弁当に少しだけ手をかけた、お弁当。大きな木の下で食べてくれるかな？

お月見弁当

毎年、母はすすきを飾り、

お団子をこしらえてくれました。

月を見ながら、家族で夜ごはんを食べる

楽しい日を思い出しつつ、

まん丸なおかずを詰めてみました。

材料（1人分）

焼き栗ごはん

栗　8～10個
米　2合
昆布　3cm×1枚
塩　適量

れんこんつくね

鶏ひき肉　50g
れんこん（太）　3cm
A　長ねぎのみじん切り　小さじ2、
　しょうがのすりおろし　小さじ½、
　溶き卵　小さじ2、塩　ひとつまみ、
　片栗粉　小さじ2
B　みりん　大さじ2、
　酒・みそ　各大さじ1
油　適量

揚げ里芋

里芋（小）　2～3個
片栗粉　適量
塩　適量
揚げ油　適量

牛肉のしぐれ煮（p.38参照）　**適量**

作り方

焼き栗ごはん

1. ボウルに栗を入れて熱湯をまわしかけ、鬼皮をやわらかくする。粗熱が取れたら鬼皮をむき取り、渋皮をむいて水にさらす。水けをきって焼き網で表面に少し焼き色がつくくらいまで焼く。
2. 米はとぎ、土鍋または炊飯器に入れる。いつもと同じ水加減にし、昆布を加えて30分ほど浸水させる。
3. 2に1の栗をのせ、塩ひとつまみを加えて炊く。炊き上がったら15分ほど蒸らし、塩小さじ¼強を加えて、しゃもじでさっくり混ぜる。

れんこんつくね

1. れんこんはすりおろし、ざるにとって水けをしぼり、ボウルに入れる。鶏ひき肉とAを入れ、よく練る。2等分して平らな丸形にする。
2. フライパンを火にかけ、油をひいて1のつくねを並べ入れる。焼き目がついたら返し、ふたをする。途中、水大さじ2（分量外）を加えて中まで火を通し、取り出す。
3. 2のフライパンにBを入れ、とろっとするまで煮詰め、つくねの表面に適量ぬる。

揚げ里芋

1. 里芋はきれいに洗って皮ごと蒸気の上がった蒸し器で串がすっと通るまで蒸す（強火で15分ほど）。粗熱が取れたら皮をむき、バットに片栗粉を広げてまぶしつける。
2. 180℃の揚げ油でほんのりきつね色になるまで揚げ、塩をふる。

材料

かぼちゃ白玉

かぼちゃ　15g
白玉粉　15g
水　大さじ1強
塩　少々
C　みりん　小さじ1、しょうゆ　少々、
　三温糖　15g、水　大さじ3
くず粉　小さじ½（同量の水で溶いておく）

作り方

かぼちゃ白玉

1. かぼちゃは蒸気の上がった蒸し器で串がすっと通るまで蒸す（強火で10分ほど）。熱いうちに皮を取り、フォークでつぶす。
2. ボウルに白玉粉、塩、粗熱の取れた1を入れ、少しずつ分量の水を加えながら耳たぶくらいのやわらかさになるまで練る。5等分して丸め、中心を少しくぼませる。
3. 小鍋に湯を沸かし、2を1個ずつ入れる。浮いてきたらひと呼吸おき、氷水に取る。
4. 別の小鍋にCを入れ、火にかける。煮立ってきたら水溶きくず粉を加え混ぜる。ざるに上げ、水けをきった白玉を加えて絡め、火からおろす。

◎お弁当箱の片隅に、牛肉のしぐれ煮を盛り入れる。

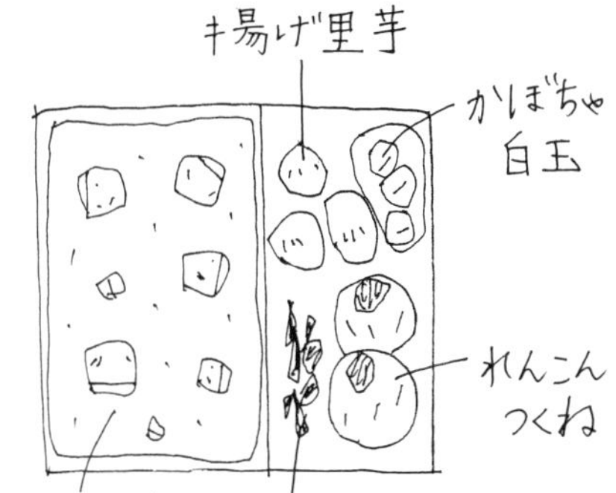

畑仕事のお弁当

材料（1人分）

番茶むすび

米　2合
番茶※　450ml
昆布　3cm角×1枚
塩　ひとつまみ
焼きのり　適量
白ごま　大さじ½

きゅうりの漬物　適量
（p.39参照）

めざし　1尾

作り方

番茶むすび

1. 米はとぎ、ざるに上げる。土鍋または炊飯器に米といつもの水加減と同量の番茶と昆布を入れ、30分ほど浸水させる。塩を加え、普通に炊く。炊き上がったら15分ほど蒸らし、しゃもじでさっくり混ぜる。

2. 焼きのりは直火でさっと片面をあぶる。茶碗1杯分のご飯で丸くおむすびをにぎり、のりを巻く。白ごまはフライパンで煎り、指でひねってひねりごまにする。さっとぬらしたボウルに茶碗1杯分のご飯を入れ、ごまを加えてさっくり混ぜ、同様に丸くにぎる。

※材料に表示している番茶の分量は、かえる食堂で使用している土鍋で炊く場合のものです。ご自身の鍋や炊飯器で炊くいつもの水加減で炊いてください。

めざし

めざしは焼き網で両面に少し焼き目がつくくらいまで焼く。

◎竹の皮におむすび2個、めざし、きゅうりの漬物をのせて包む。おむすびのにぎり方はp.4を参照。

実家の畑に出るときは、朝早く出てもあっという間に昼になります。そんなとき、この素朴なお弁当が、腹ペコのおなかにちょうどいい。野菜をつくってくれている両親に差し入れたいお弁当です。

甘いものの楽しみ

最後にほんのひと口、甘い物。これもお弁当の楽しみ。かえる食堂では持ち運びも便利な小さな甘味を添えます。

ドライフルーツ

季節のものをその時季に、というのもお弁当の楽しみ。ドライフルーツは持ち運びにも便利だし、食べやすいので最後のお楽しみの甘みとしてよく持っていきます。市販のものでもおいしいですが、自分で干したものだとなおさらです。（p.59 参照）

かりんシロップ

小さなビンに入れたシロップをカップに移して湯を注ぐだけ。食後にホッと一息。からだもポカポカになります。金柑やかりんのシロップは風邪気味のときにも頼りになるうれしい１品です。かりんシロップの作り方＝厚めの輪切りにしたかりんを保存ビンに入れ、かぶるくらいまではちみつを注ぎ、重しをします。数日後、かりんが浮いてきたら全体を混ぜ、ひと月くらいででき上がり。冷暗所で１年ほど保存できます。

さつまいもメープルバター

蒸したさつまいもをバターで焼き、仕上げにメープルシロップを絡めたおやつ。バターのコクとメープルシロップのやわらかな甘みが、さつまいものほっくり感にぴったり。

白玉きなこ

食後にちょっと甘いもの、というときにうれしいおやつ。手間も時間もそれほどかからない白玉は忙しい朝のお弁当にもおすすめです。きなこや抹茶、あんこなどをまぶして持っていきます。（p.8参照）

いろんなある日

お弁当作りは好きな仕事のひとつ。
今日も台所に立ち、
せっせとお弁当を作ります。

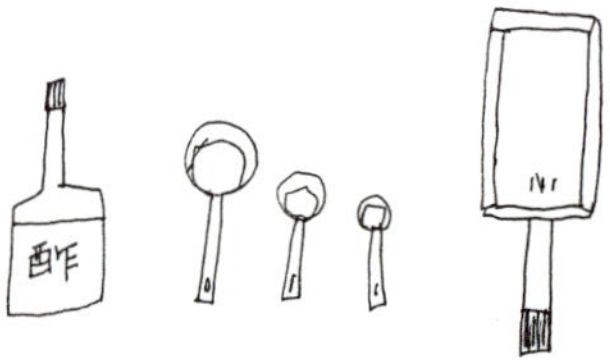